郭台辉 主编

现代政治知识评论 第1辑

现代国家的基本要素

商务印书馆
The Commercial Press

图书在版编目（CIP）数据

现代国家的基本要素 / 郭台辉主编. -- 北京：商务印书馆，2024. --（现代政治知识评论）. -- ISBN 978-7-100-24362-9

I. D03

中国国家版本馆 CIP 数据核字第 2024B334B3 号

权利保留，侵权必究。

现代政治知识评论（第 1 辑）
现代国家的基本要素
郭台辉 主编

商 务 印 书 馆 出 版
（北京王府井大街 36 号　邮政编码 100710）
商 务 印 书 馆 发 行
北京虎彩文化传播有限公司印刷
ISBN 978-7-100-24362-9

2024 年 10 月第 1 版	开本 880×1240 1/32
2024 年 10 月第 1 次印刷	印张 7⅛

定价：58.00 元

序　言

《现代国家的基本要素》一书由"我们一起阅·探"系列学术活动的精彩发言汇编而成，旨在探讨现代国家构建的多重要素。该系列活动由云南大学民族与边疆学部主办，郭台辉教授领衔的"云南大学哲学社会科学创新团队"负责策划与统筹协调，携手"政治学人"微信公众号团队在哔哩哔哩直播间共同推出。每期在线参与人数众多，内容与形式都广受好评。自2022年3月至2023年底，一共举办了6期，每期根据主题需要，邀请国内外不同学科领域的知名学者，以重大问题为导向，从阅读前沿与经典文本切入，与文本作者共同"头脑风暴"，探讨人类文明的根本问题、中国历史与现实的重大问题，以及相关的方法论问题。

本书不仅旨在推动现代国家形成与建构的专题研究，助力现代国家研究领域的前沿思考，而且意在提升公众对相关议题的认知，还可以为政策制定提供理论参考。本书所汇编的内容曾通过线上平台广泛传播，普及了高水平的学术知识，引导公众进行理性思考，在学术界和社会之间架起了互动与沟通的桥梁，推动跨学科的交流与合作。本书在一定程度上为理解现代国家的基本要素提供了理论资源和实践启示，能够激发对现代国家研究的系统性思考和创新思维，并产生一定的学术影响和积极的社会效益。

本书共分五章，分别收录其中五期活动的内容。

第一章的主题为"中国何以现代？"。本章围绕美国得克萨斯大学李怀印教授的著作《现代中国的形成（1600—1949）》展开讨论，云南大学民族政治研究院周平教授担任主持人。与谈嘉宾华中师范大学徐勇教授以"中国何以现代的实践逻辑"切题,详细阐述现代中国的国家进程;中山大学肖滨教授以"中国现代国家成长:路径差异性与历史正当性"切题,从差异性问题、正当性问题与生命力问题三个方面把握现代国家形成的中国道路;南京大学郭忠华教授以"现代国家概念与中国现代国家建构的展开"切题,从现代中国素描与中国经验之理论探讨两方面分析中国如何现代、何时现代的问题;北京大学罗祎楠助理教授以"认识论视野中的中国国家现代性"切题,从作为"历史质性"的现代性问题出发,反思中国"政治现代性"的不同认识论模式;最后,李怀印教授以"革命·现代化·国家形成"为题,从国家形成的演化问题、研究方法以及《现代中国的形成(1600—1949)》一书的关键议题展开论述,回应所提之问。

第二章的主题为"何来国家能力?"。本章围绕华盛顿大学米格代尔教授的著作《强社会与弱国家:第三世界的国家社会关系及国家能力》展开讨论,北京大学张长东教授担任主持人。在与谈嘉宾中,清华大学杨雪冬教授以"戴面具的国家"切题,梳理出国家的不同面向;中山大学黄冬娅教授以"强大国家的经济与社会根源"切题,分析中华人民共和国成立后的社会再造过程,探讨中国成为"强国家"的经济路径;浙江大学耿曙教授以"'国家能力作为解释'的反思"切题,从方法论层面反思国家能力作为理论解释的逻辑陷阱,并提出相应的解决策略;北京大学张静教授以"究竟什么影响国家推进政策的能力?"切题,从中国经验出发,思考中国独特的组织历史特征对政策推行能力的影响;本书作者米格代尔与四位中国学者展开了直接对话,集中探讨有关国家与社会关系的重大议题。

第三章的主题为"超越西方式选举民主何以可能?"。本章围绕香港中文大学王绍光教授的著作《抽签与民主、共和:从雅典到威尼斯》展开讨论,中山大学肖滨教授担任主持人。在与谈嘉宾中,澳大利亚迪肯大学何包钢教授以"从亚里士多德的混合政体理论来看抽签和选举"切题,从亚里士多德的混合政体出发,对王绍光教授提出的两种抽签理论模型进行讨论;清华大学景跃进教授以"今天我们如何谈论民主:反思、批判与想象力"切题,从概念层面厘清"选举民主"的内涵与外延,指出"选举民主"在中国语境下的平衡与张力;浙江大学郎友兴教授以"中国协商民主的双重特性"切题,从学界对于"超越(民主)"的理解差异出发,对抽签/抽选进行讨论,进而提出超越选举民主的中国解法;中山大学何俊志教授以"中国古代的抽签、选举与权威产生机制及其变迁"切题,在梳理中国各民族选举制度的演化机制的基础上,比较中国古代与希腊城邦的抽签与选举的异同之处;最后,王绍光教授以"代议民主:由谁做主?替谁做主?"为题,通过提出"授权论成立吗?问责论成立吗?代议士们到底为谁服务?"三个问题,回应并阐释民主理论与实践问题。

第四章的主题为"身份何以重要?何以成危机?"。本章围绕斯坦福大学弗朗西斯·福山高级研究员的著作《身份政治:对尊严与认同的渴求》展开讨论,中山大学谭安奎教授担任主持人。北京大学何怀宏教授以"哪些身份?何种政治?"切题,从区别出不同身份的差异与政治的两种形式为引,分析制度调整对身份政治的影响;清华大学任剑涛教授以"辨异与求同之间的身份政治困局"切题,讨论不同身份之间的辨异求同所引出的身份政治困局,并提出化解困局的三种方式;南京大学郭忠华教授以"去往丹麦路上的'身份障碍'"切题,通过梳理分析身份政治的历史以及化解身份危机的丹麦经验,重审《身份政治:对尊严与认同的渴求》一书中"身份政治"、"国家建构"、研究方法与本体论问题;中国政法大学庞金友教授以"身份政治何以加剧政治极化"切题,从斗争策略、生成逻辑、心理机制、经济助燃与传播魅惑等方面讨论身份政治对政治极化的影响;云南大学郭台辉教授以"身份、身份秩序与现代国家"切题,对"身份"的不当使用进行辨讹,区别出身份的三种不同形式,指出身份政治的三组矛盾,进而讨论国家构建与身份秩序构建的内在张力。

第五章的主题为"经济高质量发展,政府能做什么?"。本章围绕复旦大学兰小欢教授的著作《置身事内:中国政府与经济发展》展开讨论,中山大学梁平汉教授担任主持人。在与谈嘉宾中,中国人民大学王水雄教授以"解析政府政策如何起到良好作用的奥秘"切题,从政府的经济建设职能、腐败与反腐败对经济的影响以及具有企业家精神的官员所在层级与企业生态的多样化等方面来解析政府政策起到良好作用的奥秘;浙江大学高翔教授以"政府如何有为,市场方能有效"切题,通过梳理改革开放 40 多年来中国政府经济建设的发展,分析经济权限从中央不断下放到地方期间,地方政府如何进行决策,如何推动市场化改革、促进经济发展;厦门大学游宇教授以"如何置身事内:何时、何事、何级政府"切题,对《置身事内:中国政府与经济发展》进行总结性概括,得出"三大主题""两大风格",建议将问题置身学术对话之内,解释"市场如何生成?增长何以可能?"等关键问题;中山大学肖可舟教授以"政治-经济周期与年份效应"切题,从经济学角度进行解析,以省份、年份等样本中提取官员更替数据,得出具有中国特色的制度设计对政治-经济周期的实证结果和理论意义;最后,兰小欢老师针对四位嘉宾所做评论逐一回应,并强调学术并非纸上谈兵,应多观察、多实践,真正做到"置身事内"。

本书由五次高质量学术交流活动实录结集而成,聚焦现代国家的五大基本要素,即国家建构、国家能力、民主、身份、经济发展,而且,参与活动的所有嘉宾都长期耕耘在所专长的特定领域，大多发表过独到、精深、严谨的学术成果，在国内学术界有着较高的学术知名度与社会知名度，对发言都进行了精心的准备与充分的思考。所以，本书是思想前沿性与理论基础性的结合，对于研究中国现代国家有一定的参考价值。在此，特别感谢所有参与"我们一起阅·探"活动的嘉宾给予的大力支持，感谢活动主办方云南大学社科处及杨绍军处长给予的必要保障，感谢商务印书馆的编辑们在出版过程中付出的辛勤劳动。

郭台辉

2024 年 7 月 8 日星期一

目　录

第一章　中国何以现代？ ……………………………………… 1
　主持人语 ………………………………………… 周　平 2
　中国何以现代的实践逻辑 ……………………… 徐　勇 5
　中国现代国家成长：路径差异性与历史正当性 … 肖　滨 15
　现代国家概念与中国现代国家建构的展开 …… 郭忠华 26
　认识论视野中的中国国家现代性 ……………… 罗祎楠 32
　作者谈　革命·现代化·国家形成 …………… 李怀印 45

第二章　何来国家能力？ …………………………………… 58
　主持人语 ……………………………………… 张长东 59
　戴面具的国家 ………………………………… 杨雪冬 64
　强大国家的经济与社会根源 ………………… 黄冬娅 72
　"国家能力作为解释"的反思 ………………… 耿　曙 83
　究竟什么影响国家推进政策的能力？ ……… 张　静 91
　作者谈 ………………………………… 乔尔·米格代尔 102

第三章　超越西方式选举民主何以可能？ ………………… 105
　主持人语 ……………………………………… 肖　滨 106

从亚里士多德的混合政体理论来看抽签和选举 …… 何包钢 107
　　今天我们如何谈论民主：反思、批判与想象力 ……… 景跃进 117
　　中国协商民主的双重特性 ……………………………… 郎友兴 140
　　中国古代的抽签、选举与权威产生机制及其变迁…… 何俊志 155
　　作者谈　代议民主：由谁做主？替谁做主？………… 王绍光 167

第四章　身份何以重要？何以成危机？ …………… 182
　　主持人语 ………………………………………………… 谭安奎 183
　　哪些身份？何种政治？ ………………………………… 何怀宏 188
　　辨异与求同之间的身份政治困局 ……………………… 任剑涛 192
　　去往丹麦路上的"身份障碍" …………………………… 郭忠华 197
　　身份政治何以加剧政治极化 …………………………… 庞金友 201
　　身份、身份秩序与现代国家……………………………… 郭台辉 208

第五章　经济高质量发展，政府能做什么？………… 213
　　主持人语 ………………………………………………… 梁平汉 214
　　解析政府政策如何起到良好作用的奥秘 ……………… 王水雄 216
　　政府如何有为，市场方能有效 ………………………… 高　翔 222
　　如何置身事内：何时、何事、何级政府 ………………… 游　宇 229
　　政治-经济周期与年份效应 …………………………… 肖可舟 236
　　作者谈 …………………………………………………… 兰小欢 240

第一章
中国何以现代？

时　　间：2022 年 3 月 5 日

地　　点：线　上

主 持 人：周　平（教育部"长江学者"特聘教授、云南大学特聘教授）

与谈嘉宾：徐　勇（教育部"长江学者"特聘教授、华中师范大学教授）

　　　　　肖　滨（教育部"长江学者"特聘教授、中山大学教授）

　　　　　郭忠华（南京大学教授）

　　　　　罗祎楠（北京大学助理教授）

阅读文本：李怀印，《现代中国的形成（1600—1949）》，广西师范大学出版社 2022 年版

文本作者：李怀印（美国得克萨斯大学奥斯汀分校教授）

主持人语

周 平

2022年3月5日,"政治学人·大讲堂"第一期"我们一起阅·探"活动举行。本次"阅·探"活动,所"阅"之文本是《现代中国的形成(1600—1949)》,所"探"之主题是"中国何以现代?"。参加对话的嘉宾有:教育部"长江学者"特聘教授、华中师范大学资深教授徐勇先生,教育部"长江学者"特聘教授、中山大学教授肖滨先生,南京大学教授郭忠华先生,北京大学助理教授罗祎楠先生。《现代中国的形成(1600—1949)》一书的作者李怀印教授来到对话现场,将回应与此书相关的问题。

"中国何以现代?"这个问题是思考和研究中国问题时必然遇到并且必须回应的。的确,中国具有悠久的历史,创造了光辉灿烂的文明,在人类历史上占有重要的地位。然而,中国悠久的历史和古代文明延续至今,在经历"现代"转型的过程中,不仅增添了新的内容,其形态也发生了深刻的改变。我们今天对待、叙述或书写历史都是在这样的基础上进行的。不仅如此,中国今天的社会、经济和政治也都是在这样的基础上构建和运行的。因此,无论是对历史的叙事和书写,还是对现实问题的探究和分析,都会直接或间接、明确或隐晦地涉及"中国何以现代?"的问题。

然而,"中国何以现代?"并非简单的问题。这是一个涉及面十分广泛、蕴含着十分复杂的具体问题的宏大命题。它既是一个历史命题，也是一个现实命题，甚至是一个哲学命题。而且，在持续追问这个命题的过程中，不同时代所提供的认识工具有很大差别，不同历史条件下的人们思考这个问题的立足点和角度也不尽相同。因此，尽管回答或阐释这一问题的观点和理论不断涌现，从而使这一问题的丰富内涵不断被触及和拓展，但圆满地回答或解决这一问题的目标至今尚未达成。

中国走向现代的过程受到西方的深刻影响，这是一个无法回避的问题。在今天这个时代，所谓的"现代社会""现代国家""现代经济"，其基本的组织方式、运行方式、基本原则、基本构架乃至伦理精神，都首先出现于欧洲。民族国家的构建和科学技术体制的形成，在其中扮演着关键的角色。经历数千年独立发展，并在此过程中创造出影响人类发展方向的中华文明，正是在遭遇直抵家门口的西方文明的冲击和侵蚀之后，才逐步发生涵化式的变化，从而一步步走向了现代。因此，对中国的现代转型问题的考察和研究，总是会以这样或那样的方式涉及或牵扯西方影响的问题。

然而，中国历史上的现代转型进程，不论是发端还是具体进程乃至最终实现，皆具有由中国历史和文化造就的独特内涵。今天的中国通过改革开放所推动的现代化而稳步走近世界舞台的中央，更是在中国特色社会主义道路上实现的。总之，古老中国的现代转型和现代发展，尽管不乏对西方的学习和借鉴，在某个特定时期也有对西方的模仿，但从总体上看并不是按照西方的道路和模式实现的，而是走出了一条中国特有的路子。其间，中国悠久的历史和文化，以及由悠久的历史和文化所孕育的创造力，发挥了根本性的作用。因此，对中国现代转型问题的考察和研究，必须关注中国自身的主体性、创造性和独特性。忽视或忽略了中国自己的特色，就无法对中国的现代转型问题进行有效的阐释。

今天，中国在面临"百年未有之大变局"的情况下，正在实现中华民族伟大复兴，并重新确立自己在世界上的地位。在这样的背景下思考和探索"中国何以现代？"这个命题，刚刚在国内出版，还散发着油墨香的《现代中国的形成(1600—1949)》一书是值得一读的作品，能够为我们提供新的启发。

在这部作品中，作者李怀印教授认为，现代中国的形成是在一个长达三个半世纪的国家转型过程中实现的。这样的现代国家转型过程时间跨度长、涵盖范围广，以革命或现代化为叙事主线的历史书写无法对其进行有效的阐释。因此，作者以广为接受的现代国家四要素——领土、人口、政府、主权——为分析依据，采取宏观历史的研究路径，结合中国的历史实际，有选择地聚焦于地缘战略、财政构造和政治认同三个关键变量，构建了"地缘、财政、认同"的分析框架，分别从地缘政治、财政-军事构造、政治认同三个向度叙述现代中国如何形成的问题，为读者呈现出在长达三个半世纪的近现代历史中的现代中国的形成过程和形成机制，以及中国近现代历史的一种独特的书写方式，更为"中国何以现代？"问题的探讨提供了一个很好的切入点。

接下来，我隆重地推出五位重量级的嘉宾和该书作者，请他们为我们呈现各自对"中国何以现代？"命题的思考，与我们共同分享他们的真知灼见。

中国何以现代的实践逻辑

徐 勇

我将从实践逻辑的维度回答"中国何以现代?"的命题。现代性价值将国家划分为传统国家与现代国家。近代以来,伴随现代化进程,中国接受了大量外来的现代性价值。然而,中国对现代性价值的接受、吸收和运用受到中国现代化实践逻辑的支配,并带有明显的问题导向色彩。中国现代化实践所面临的传统性与现代性碰撞问题,强化了人们对现代性价值的自觉意识。这种意识不仅是对外来现代性价值的学习和吸收,而且丰富了现代性价值,赋予了其中国特色。现代化是一种普遍趋势,具有普遍性,而在中国的现代化实践中则形成了独特的中国路径。这一路径既基于中国的历史条件,又源于主体的能动性。将实践逻辑引入对现代中国的研究,有助于深刻认识现代国家建构的一般取向,深入把握现代国家建构的不同路径。

"政治学人·大讲堂"以李怀印教授的新著《现代中国的形成(1600—1949)》作为阅读文本,围绕"中国何以现代?"进行讨论。现代中国与现代国家的命题相关,与传统中国相对。李怀印教授的新著从历史的角度探讨了现代中国的形成,力图阐释现代中国与传统历史的接续。对于"中国何以现代?"这个命题,可以从多个维度进行探讨,而实践逻辑是其中的重要维度。所谓"实践逻辑",指的是事物的发展变化来自人们实践活动的内在依据和走向。我试图从中国现代化实践逻辑的维度,探讨现代中国价值与路径的形成及其特性。

一、现代中国价值的实践逻辑

人们对国家的认识往往是在国家成型或国家行动之后才开始的。国家既是历史条件的产物,又是人为建构的结果。与自然形成的传统国家相比,现代国家更具人为建构性,体现出一定的价值规范,即现代性价值。现代性价值的形成有两个导向,即问题导向和目标导向。问题导向指的是人们在遭遇和解决问题的过程中形成的现代性价值,目标导向则是人们为追求理想目的而形成的现代性价值。两者的重要性取决于不同的现代化实践。

现代化作为一种历史变革进程,起源于西方。西方人为追寻不同于传统社会的理想社会,提出了许多现代性价值观念,是典型的目标导向。相比之下,中国被动地进入了现代化进程。近代以来,伴随现代化进程,中国接受了大量外来的现代性价值。中国对现代性价值的接受、吸收和运用受到中国现代化实践逻辑的支配,体现出典型的问题导向。

改革开放以来,中国开始了大规模的现代化建设。然而,在相当长的一段时间里,中国对现代化的理解主要局限于经济和技术层面,如工业、农业、国防和科学技术的现代化。对于现代化可能给政治国家自身带来的变化,并没有引起广泛关注。在相当长的时间里,"现代国家"这一概念在学界并不是重要的研究议题。随着现代化实践的推进,国家的特性开始引起学界的关注,这主要源于中国现代化实践中所遭遇的传统性与现代性的碰撞。

一般来说,现代化是从传统农业社会向现代工业社会转变的过程。在这一过程中,传统性与现代性必然会碰撞。现代化意味着现代性的生长和日益增强,也意味着对传统性的替代。这种替代不仅仅是产业的替代，还会对人们的命运产生改变，引发人们的问题。随着对问题的认识和解决，作为评判事物的标准和规范的价值性得以凸显。

现代化以工业化和城市化为主导。在中国，随着工业化和城市化的发展，城乡差距加大，从20世纪90年代开始，农业、农村和农民问题日益引起关注。因此，如何解决"三农"问题成为执政党和政府工作的重中之重。到了21世纪初，废除农业税成为解决"三农"问题的一项重大举措。

废除农业税不仅是国家行为，也成为学界关注的议题。农业税是一项历史遗留制度，长期以来，农民需要向国家纳税被视为理所当然的事情。废除农业税意味着支配国家行为的"理"发生了改变。为什么会发生这样的改变？这需要通过实践来回答，因此现代国家的理论开始成为学界关注的议题。

政治学起源于西方。由于西方率先开启现代化进程，西方政治学提出了许多命题并传入中国。20世纪90年代，随着对外开放的扩大和市场经济的发展，西方的"市民社会"和"现代国家"概念进入中国，并受到学界的关注。然而，只有随着中国现代化建设实践的深入，"现代国家"的概念才能与中国的现实相结合。其中一个重要节点就是，"国家为何废除农业税以及这对国家特性意味着什么"这一问题的提出。

国家废除农业税改变了农民向国家纳税的"理"，这意味着国家的特性发生了变化。如何区分特性的变化？这涉及传统国家和现代国家的区别。税收是国家的支柱，恩格斯认为："国家和旧的氏族组织不同的地方，第一点就是它按地区来划分它的国民……第二个不同点，是公共权力的设立……为了维持这种公共权力，就需要公民缴纳费用——

捐税。"①农业文明是人类历史上的第一个文明形态,农民纳税成为国家建立和运作的基本条件,国家向农民征税也被视为理所当然、无可非议的行为。当国家废除农业税时,支配国家行为的"理"发生了改变,国家的特性也发生了重大变化。这一变化发生在传统社会向现代社会的转变中,是国家性质的质变,体现出传统国家与现代国家的区别。

价值是评估事物性质的标准和规范。国家作为一种客体,其价值属性成为判断和评价国家的重要标准。国家废除农业税的行为意味着支撑国家的理据发生了变化,国家的特性也相应发生了变化,这标志着现代国家的诞生。现代国家不同于自然形成的传统国家,它既是客观条件的结果,又是人为建构的产物。传统国家是等级制国家,马克思和恩格斯在《共产党宣言》中指出:"在过去的各个历史时代,我们几乎到处都可以看到社会完全划分为各个不同的等级,看到社会地位分成多种多样的层次。"②随着工业化、市场化和城市化的现代化进程,社会关系发生变化,政治社会需要重新塑造。现代国家的重要特征是以平等取代等级,平等成为普遍的现代价值观,建立平等的国民国家成为现代国家的重要标准。

农业税是一个古老的税种,源自人类从事农业职业的历史。在传统农业社会中,农业是主要产业,因此农业税被视为理所当然。然而,随着现代化的发展,农业成为弱势产业,农民成为弱势群体。从现代价值观的角度来看,让收入较低的农民继续缴纳传统税收是不公平的,也不再具备必然性。国家废除农业税体现了现代国家的特性,即所有国民,包括农民在内,都享有平等的经济、政治和社会地位。废除农业税

---

① 《马克思恩格斯选集》第4卷,人民出版社1995年版,第170—171页。
② 《马克思恩格斯选集》第1卷,人民出版社1995年版,第272页。

实际上是国家转向现代化的重要标志之一,引起了学界的关注。①

价值具有引导性,传统国家是自然形成的,具有历史惯性。许多具有传统国家特征的行为会延续下去,人们起初并未意识到其不合理之处。例如,我国政府设立了劳动和社会保障部门,但在相当长的时间里,农民并未被纳入劳动和社会保障范围。这是传统的习惯。然而,随着现代化的深入,城乡差距日益加大,传统与现代社会主义价值理念之间的矛盾日益显现。如何让广大农民分享现代化的成果,成为社会主义现代化建设中的突出问题。为解决这一问题,国家开始将农民纳入劳动和社会保障体系,让他们分享现代化的成果。这正是现代国家与传统王朝国家的区别所在。现代社会主义价值理论指导着国家的行为。

随着现代化的推进,现代性要素不断生长,并与社会主义制度相联结。国家将其概括为社会主义核心价值观,包括民主、文明、和谐、自由、平等、公正、法治等。这些价值因素是历史上传统国家所没有的,体现了现代国家的质的规定性。

国家包括两个方面,一是作为地域共同体的国家,二是作为政权的国家。前者是国家治理的对象,后者是国家治理的主体。与传统国家相对的现代国家,也包括这两个方面。近代以来,中国便开启了现代国家政权建构的历程。特别是随着中华人民共和国的成立,国家政权发生了根本性变化。20世纪70年代末,我国开启了政治体制改革,中共十八届三中全会又提出了国家治理体系与治理能力现代化的命题。这

---

① 2006年,我在《"回归国家"与现代国家的建构》一文中梳理了20世纪80年代以来的政治学议题变化,指出:"进入21世纪以后,对国家的论述逐步增多,大有'回归国家'之势。"就我个人而言,自20世纪80年代从政治学进入农村领域,主要研究农村基层,国家问题并非研究对象。直到21世纪初,围绕农业税的废除以及国家问题,尤其是现代国家问题才进入了我的视野。参见徐勇:《"回归国家"与现代国家的建构》,《东南学术》2006年第4期。

一命题意味着政治国家的现代化,由此开启了国家现代性的全面自觉。现代国家的命题越来越受到学界广泛关注,不仅限于政治学,其他学科也参与其中。李怀印教授的新著《现代中国的形成(1600—1949)》,便是历史学参与现代国家研究的代表作之一。

作为与传统中国相对的现代中国,是一种具有与传统不同的质的规定性的国家,体现出现代性的价值。由于西方是现代化的先行者,中国在现代化进程中接受了大量外来的现代性价值观。然而,从废除农业税和提出国家治理现代化的过程来看,可以发现,中国对现代性价值观的接受、学习和消化受到中国现代化实践逻辑的支配。正是中国现代化实践所遭遇的传统性与现代性碰撞的问题,引发了人们的思考,加强了人们对现代性价值观的自觉意识。中国现代化实践不仅是对外来现代性价值观的学习和吸收,而且丰富了现代性价值观,赋予了现代性价值观在中国的含义。

二、现代中国路径的实践逻辑

现代性价值观将国家区分为传统国家和现代国家。现代性价值观在不同国家的时空分布并不相同,重要原因是不同国家在现代国家建构的路径上存在差异。现代国家路径的差异主要取决于实践逻辑。

实践是人们主动地探索和改造客观世界的社会性活动。这种探索和改造并非随意进行,而是建立在客观物质条件基础之上的,客观物质条件规定着人们实践活动的路径。现代国家建构意味着国家形态从传统向现代的转变,这一转变过程和路径受到历史条件的制约。

现代国家的建构是随着现代化进程的发展而发生的。通常情况下,现代化是从传统的农业社会向现代工业社会的转变,传统农业社会的状况对于现代社会的形成和路径具有支配性作用。历史社会学家巴林顿·摩尔(Jr. Barrington Moore)在其著作《民主和专制的社会起源》中指出,在两种文明形态转变的历史关键节点上,破裂的传统社会所遗留下的大量阶级因素会对未来历史的塑造产生重要影响。① 正是传统社会的状况及其所面临的问题,决定了现代化和现代国家建构的路径。

英国和美国是现代化的先行者,形成了独特的现代国家形态,原因是受传统社会影响较少,属于内生型现代化。在现代化到来之前,英国的农村经历了商品化,圈地运动打破了传统农村经济结构,使其"没有严重的农民问题"②。美国是在新大陆的"空白土地"上建立起来的现代化国家:"美国并未遇到要瓦解封建主义或官僚主义的、庞大而又牢固的农业社会这样一个问题……美国社会也从未有过象欧洲和亚洲社会那么庞大的农民阶级。"③除了英国和美国等少数特例外,世界上大多数步入现代化的国家都面临着庞大的农民阶级问题。

中国是一个农业文明悠久的国家,近代以来被迫开启了现代化进程。中国现代化面临的最基本的历史条件是农业社会及其庞大的农民阶级,这一国情决定了中国共产党领导的新民主主义革命以农民为主体,革命的道路是以农村包围城市,革命后建立的国家是以工农联盟为基础的国家。新中国成立后开始进行大规模工业化建设,实行工业优先的战略,并因为从农业获得积累而形成城乡二元结构,但作为占全国人口大多数的农村人口未能与城市人口同步改善生活。改革开放以来,随着工业化和城市化的加速发展,城乡差距拉大,国家决定废除农民税,实行"多给少取"的政策,让农民分享现代化成果,获得平等的国

---

① 巴林顿·摩尔:《民主和专制的社会起源》,拓夫、张东东等译,华夏出版社1987年版,"译者前言"第2页。
② 巴林顿·摩尔:《民主和专制的社会起源》,拓夫、张东东等译,第29页。
③ 巴林顿·摩尔:《民主和专制的社会起源》,拓夫、张东东等译,第88页。

家待遇——中国作为国民国家的现代国家属性得以增强。

中国农民逐步获得平等的国家待遇的事实,反映出中国现代国家建构的路径。这一路径首先由历史条件决定,中国是在具有悠久历史传统的条件下开启现代化进程的,历史传统规制了中国的现代国家建构路径。这种历史传统不仅使得中国开启现代之门的民主革命具有农民革命的属性,而且深刻影响着革命之后的现代国家建构路径。但直到工业化开始发展,国家财政收入主要来源于非农产业,国家才有条件一举废除农业税,从"由农支工"转向"以工支农",国家形态的现代属性得以强化。由此可见,现代国家的路径受制于历史客观条件,这种历史条件构成了中国现代化实践逻辑的客观性。

实践除了客观性以外,也具有能动性,是客观条件与人的认识和行动交互作用的产物。世界上绝大多数进入现代化的国家都会面临传统社会的影响问题,对这一问题的不同认识和处理,会形成不同的路径和国家形态。摩尔根据大量事实揭示出:"西方民主只是特定历史环境中结出的果实,通向现代社会的历史道路和与之相适应的政体形态是形形色色的。"①

中国通过民主革命开启现代化大门。"在中国,农民在革命中的作用甚至超过了俄国。他们为最终摧毁旧秩序提供了炸药。这里,农民再次作为主要动力推动了一个政党取得了胜利。"②中国共产党依靠农民取得了革命胜利,但也同时负有解放农民和让农民分享现代化成果的使命。摩尔武断地认为:"农民早晚会成为现代化的牺牲品,这是一个简单而残酷的事实。"③但这一事实并非不可改变,中国革命胜利后

---

① 巴林顿·摩尔:《民主和专制的社会起源》,拓夫、张东东等译,"译者前言"第4页。
② 巴林顿·摩尔:《民主和专制的社会起源》,拓夫、张东东等译,第181页。
③ 巴林顿·摩尔:《民主和专制的社会起源》,拓夫、张东东等译,第379页。

的土地改革和家庭联产承包责任制改革,都是为了不断解放农村生产力。农村改革之后,"三农"问题一直是党和政府工作的重中之重。正是依靠国家推动,才有可能实现农民全面脱贫。农民不是现代化的牺牲品而是分享者,显然与中国共产党领导的国家行为密切相关。这种行为是传统国家不可能具有的,体现出现代国家的特有属性,构成了中国的现代国家路径。这一路径具有双重超越的特点:一是超越将农民作为负担而不是动力的路径,二是超越农民成为现代化牺牲品而不是分享者的路径。这种双重超越是中国式现代化的具体体现。

国家治理现代化是对现代化进程中政治国家的一般要求。然而,中国的国家治理体系与治理能力现代化有自己的前提和目标,即完善中国特色社会主义制度,以适应社会主义现代化国家建设的需要。因此,中国的国家治理现代化具有自己特有的路径,基于中国现代化实践的内在需要。

现代中国的实践逻辑维度有助于我们深入理解"中国何以现代?"的命题。中国得以走向现代,是多种因素和机制发挥作用的结果。从价值的角度来看,中国从外国获得了现代理念,但这种理念的实现取决于现代中国建构的实践。正是在现代中国建构的实践过程中,现代性价值逐渐展现并因中国的实践而丰富。中国不是外国现代性价值观的简单复制品,而通过自身的实践做出了独特的贡献。从路径的角度来看,中国的现代国家建构有其独特的路径。这种路径源于历史提供的条件和人的主动性。通过对现代中国路径的研究,人们重新认识了中国的历史,改变了长期以来将传统视为现代中国负资产的简单观念,并获得了历史自信,历史因此进入了现代国家研究的视野。正如美国历史学家孔飞力(Philip Alden Kuhn)所说:"从本质上看,中国现代国家的特性却是由其内部的历史演变所决定的。"①李怀印教授的新著《现代中国的形成(1600—1949)》及其引发的"中国何以现代?"的讨论,正是在这一背景下产生的。

"当代中国的伟大社会变革,不是简单延续我国历史文化的母版,不是简单套用马克思主义经典作家设想的模板,不是其他国家社会主义实践的再版,也不是国外现代化发展的翻版。"②将实践逻辑引入对现代中国的研究,既有助于深刻认识现代国家建构的一般趋向,又可以深入把握现代国家建构的不同路径。正是中国现代国家建构的实践,不断推动人们接受、确立和丰富现代性价值观,促使传统国家向现代国家转变。正是由于中国现代国家建构的实践,中国的现代国家建构形成了自己独特的路径,丰富了世界现代国家建构的形态。

---

① 孔飞力:《中国现代国家的起源》,陈兼、陈之宏译,生活·读书·新知三联书店2013年版,第1页。
② 习近平:《习近平谈治国理政》第2卷,外文出版社2017年版,第344页。

中国现代国家成长：路径差异性与历史正当性

肖　滨

《现代中国的形成(1600—1949)》纵向叙述了长达三个半世纪的中国国家现代成长的故事，在横向跨国比较中进一步彰显出现代国家形成的中国路径。厚重的历史把握、深刻的理论透视让人深受启发、获益良多。书中提出了诸多颇为值得中国政治学界认真面对的重大问题，至少包括两个方面：一方面，如何理解、认识中国现代国家建设路径的差异性、独特性；另一方面，如何把握、阐释中国现代国家的历史正当性。其实，这两大问题紧密相关：由于中国独特的现代国家形成之路有别于欧美所设定的路径，中国之为现代国家遭到不少非难，这些非难固然涉及"构成中国国家本身的一些最基本要素，包括它的疆域、族群构成和治理体系"，但"焦点不再是国家内部各项具体的制度，而在国家本身的历史正当性、统治能力及其生命力"[①]。因此，探讨这些问题、回应如此非难是中国政治学界义不容辞的责任。

一、成长路径的差异性：殊途也有同归处？

现代国家形成的中国路径究竟是什么？这是该书提出和回答的核心问题。我们不妨称之为"中国现代国家成长路径的差异性问题"：如

[①] 李怀印：《现代中国的形成(1600—1949)》，广西师范大学出版社2022年版，第374—375页。以下凡引该书，只在文中标出页码，不再另注释。

果说中国现代国家的成长路径不同于欧洲现代国家,那么这种差异性究竟是什么?这种差异中是否也蕴含着某种共同性?

如果对照西方的理论范式,现代国家形成的中国道路确实不是"从帝国到民族国家"理论范式所揭示的路径。正如此书所言,"现代中国的国家形成,显示了一个与既往欧洲中心主义视角下所形成的'从帝国到民族国家'认识范式完全不同的路径"(第387页)。诚如作者所论,一方面,按照通常的"帝国"概念,清朝并不符合帝国的标准,"19世纪以前的清朝跟世界历史上的任何其他政治体系皆不相同;它既非一主权国家,也不是一般意义上的征服帝国"(第21页),这说明中国现代国家形成的历史起点并非帝国。另一方面,按照通常所谓"民族国家"的概念,中国现代国家建设的结果也难以满足其定义,"中国的国家建造的历史经验,从两个方面'偏离'了'从帝国到民族国家'的正常途径"(第10页):它既没有在帝国崩溃、分裂的废墟上建立起一系列各自独立的"民族国家",其领土格局总体保持完整,多元的族群被整合为一体;也没有实行西式的代议民主制,而是以一个权力集中的国家屹立于世。更重要的是,中国现代国家成长的故事还没有结束:目前中国的国家形态只是现代国家成长的"阶段性目标",不是这一过程的终点。

立足上述总体判断,此书从内外两个维度具体揭示了中国现代国家成长的路径。

外部比较。按照此书作者的分析,世界历史上权力集中于中央的统一现代国家的形成主要有两条道路。作为现代国家建构的先行者,英、法等欧洲国家选择了第一条道路,即在征服和扩张的基础上巩固其领土地盘,建立覆盖全国的中央集权的君主制,构建以常备军为主要标志的现代国家机器,消除各种中间势力,将君主对国家的间接统治转化为直接统治。这是国家权力自上而下地向地方延伸的道路,可以称为

"中央纵向渗透地方"之路。作为现代国家建设的后来者,中国走的是第二条道路:在群雄逐鹿的地方军事-财政集团激烈的"锦标赛"式竞争中,最为强大的一方打败所有竞争对手,最终平定天下,统一全国。这是由点(区域)及面(全国)的地方扩展道路,可以称为"地方横向扩展全国"之路。

内部审视。一方面,外力影响下以内生驱动为主。作者显然重视"观察外部各种力量的冲击与内部各种因素的交互作用,如何决定中国的国家转型在各阶段的走向和发展"(中文版前言,第4页),但更为强调"驱动这一演进历程的,归根到底,是由中国不断变化的地缘格局和自身的各种财政、军事和政治资源的相互作用所构成的原动力,而不是像非西方世界的绝大数'民族国家'那样,在其形成过程中受外来影响的决定性支配"(第388页)。另一方面,累积演进激发突破。"中国的国家形成路径与上述'帝国-民族国家'的规范认识完全不同。它以最接近于近代主权国家的早期近代疆域国家为起点,依靠这个疆域国家数百年来所积累的行政、财政和文化资源,缓慢、艰难但是稳步地朝着近代主权国家的方向演进"(第388页),并且最终在20世纪中叶达到主权完整、政治统一、权力集中的阶段性目标。在缓慢而艰难的历史演进中,无数的累积、叠加最终激发了三重突破,走向近代疆域国家、主权国家和统一的权力集中国家(第262页),而中国共产党建构现代国家的路径则是一系列历史性突破的交汇点。

简而言之,我们不妨将此书所阐释的中国现代国家独特的形成路径概括为:内生驱动为主,累积激发突破,自下而上推进,政党革命建国。具体说,中国现代国家成长的路径是,在清朝国家建设历史遗产(汉族人口的巨大规模与同质性、边疆建设以及国家财权、军权和行政权的地方化)的基础上,以内部驱动为原动力,历经清朝、民国再至

1949年成立的中华人民共和国,三个半世纪前后相继,在累积中逐步激发三层(疆域国家、主权国家、统一国家)突破,在激烈的军事-财政竞争中,最终政党的优胜者通过由点(区域)到面(全国)、自下而上的扩展、推进,统一全国,以革命建立起一个主权完整、政治统一、权力集中的现代国家,而政党革命建国之根由在于"克服源自19世纪后期的权力非集中化趋势和各种离心力量,以'革命'的名义致力于国家的再造,是20世纪中国国家转型最为关键的一步,而政党则成为完成此一任务的利器"(第36页)。因此,在历史累积基础上的诸多突破中,中国共产党主导的革命建国不仅集变革突破之大成,也是中国现代国家独特的成长路径中最为关键的一点。

然而,就现代国家的成长路径而言,如果将中国与英、法等欧洲国家相比较,除了特殊性、差异性之外,二者之间是否也存在某种共同性,或者说殊途是否其实也有同归之处? 其实,此书的分析架构(地缘政治、财政-军事结构和政治认同)已经蕴含着这种共同性——相同的政治军事财政逻辑。

地缘政治。此书把地缘政治视为理解现代国家建设的第一元素:"地缘政治事关一个国家相对于其他国家的国力和地位,以及这种地位对于国内政治的影响。"(第14页)就现代国家建设而言,更准确地说,国际政治以及地缘政治所引发的国家之间激烈的竞争,尤其是军事竞争或战争,才是现代国家建设的逻辑起点。

军事-财政结构。"一个国家是否能够克服内外挑战,很大程度上取决于其财政和军事实力,进而言之,乃取决于国家对经济的抽取能力。"(第16页)随着16—17世纪欧洲军事革命或军事现代化的推进,为了应对国家间最为残酷的竞争——战争,组织一支现代化的军队,提升作战能力,是现代国家建设的首要任务。然而,"没有军饷,就没有军队;没有税收,就没有军饷"①,因此,"必须兴建一个长久的汲取式政府"②,这就"必须要有财政机构,也就是官僚机构"③。只有将现代军队、财税体系、官僚机构有机组合形成军事-财政国家④,才能为确立现代国家的领土权和主权提供最强大的实力基础。这清楚地表明,军事-财政国家的兴起是国家间激烈的地缘政治竞争甚至战争威胁带来的必然结果。

政治认同。"如何有效利用军事和财政资源,在很大程度上取决于一个社会政治集团成员内部的认同及组织凝聚力。"(第19页)连接军事-财政与政治认同的逻辑环节,是现代国家的直接统治:现代国家只有依靠官僚系统直接统治民众,才能充分地征收财政税收以支撑国家的军事系统和行政体制的运作,而两种强烈的政治认同——国族认同和公民认同——将大大降低国家机器征税和国家直接管理的成本,因此国族建设和国民建设也是现代国家建设的重要内容。

从这一角度来看,在现代国家建设的早期阶段,中国和欧洲的先驱者(如英、法等国)虽然道路各异、路径不同,但依然遵循现代国家建设的内在逻辑:国家之间因国际政治-地缘政治引发的激烈竞争甚至战争威胁是现代国家建设的根本驱动力。以此为逻辑出发点,现代国家建设展开其基本进程,从构建军事-财政国家到强化国族和公民的政治认

---

① 塞缪尔·E. 芬纳:《统治史》卷一,王震、马百亮译,华东师范大学出版社2014年版,第21页。
② 布莱恩·唐宁:《军事革命与政治变革:近代早期欧洲的民主与专制之起源》,赵信敏译,复旦大学出版社2015年版,第15页。
③ 塞缪尔·E. 芬纳:《统治史》卷一,第21页。
④ 这本书中,作者将"fiscal-military states"译为"财政-军事国家"。王绍光教授认为:"'财政-军事国家'更应该叫作'军事-财政国家',因为从历史发展的视角看,军事革命在先,财政创新在后,且财政创新最初是服务于军事与战争的。"王绍光:《中国崛起的世界意义》,中信出版集团2020年版,第14页。依王绍光之说,我将其称为"军事-财政国家"。

同,以实力维护国家主权、捍卫国家利益、增进国民福祉是国家建设的逻辑归属。在此意义上,如果说"共产党最终战胜国民党,同样是依靠它所打造的一个比国民党政权更为统一集中的政治组织和财政军事机器"(第383页),那么1949年之后在中国出现的由共产党统一领导军队、国家、社会的体制在一定意义上同样是军事-财政国家的一种独特模式①,它仍然是遵循现代国家建设内在逻辑的结果。在本质上,这种现代国家建设的逻辑是应对国家间激烈竞争和战争威胁的以力强国逻辑。

二、历史走向的正当性:中华民族及其文明的存续与新生

如上所述,中国现代国家的形成道路与西方理论范式所设定的路径有所不同,这引发了关于中国现代国家本身历史正当性的非难。针对这一问题,作为历史学家的该书作者,通过30万字的叙述,描绘了中国现代国家曲折的成长历程。该书是对上述质疑的直接正面回应。也许我们需要做的,是将这些精彩的历史叙述进一步扩展为政治学的理论解释,以回应历史学家的质疑。一个增强我们信心的理由是,作者并未局限于通常的历史叙述,而是以宏大的学术视野,致力于重新审视现代中国国家的形成过程,展现出鲜明的历史政治学色彩。

从政治学的角度来看,作者不仅准确地运用政治学的"国家"概念,从领土、人口、政府和主权这四个基本元素入手来理解现代国家的形成,而且关注中国政治学中的三个重要问题:19世纪之前,中国多民族国家如何形成并得以维持?19世纪之后,中国如何在主权国家体系中保持现

---

① 正如美国历史学家斯蒂芬·哈尔西所说,在构建现代国家的主题下,"各军事-财政国家的表现也是多种多样,而不是千篇一律,并没有一个放之四海而皆准的军事-财政国家的模式"。斯蒂芬·哈尔西:《追寻富强:中国现代国家的建构,1850—1949》,赵莹译,中信出版集团2018年版,第284页。

有的疆域,并最终获得国际对其主权的承认? 20世纪以来,不同的国家体制是在何种历史背景下形成并如何形成?(中文版前言,第1—2页)特别值得肯定的是,作者构建的地缘政治、财政-军事结构和政治认同三者相互关联的理论分析框架,展示了鲜明的政治学理论品质。

在历史学方面,作者试图摆脱过去宏大历史叙事的困境和"碎片化"研究的泥淖,"站在新千年的全球地缘政治的高度,重新探究对今日中国的历史认识最具挑战性的问题"(中文版前言,第3页)。为此,该书采用宏观历史的研究方法:以上述三个元素的理论框架为综合视角,在研究领域上跨越了专门史和通史研究的学科边界;在空间视野上,注重国内与国际因素的相互作用;在时间维度上,"打破了国内外中国史学界所习惯的古代与近代、近代与现代之间的分期藩篱,把近三个世纪的中国国家转型历史作为一个既有不同环节又前后贯通的完整过程"(中文版前言,第4页)。

立足于历史政治学的高度,这本书生动地叙述了1600—1949年这三个半世纪中国现代国家成长历程中"一波三折、三环相扣、四层叠加"的故事。

第一,"一波三折"。所谓"一波三折"是指中国现代国家成长的第一波,即建立主权完整、政治统一、权力集中的现代国家;"三折"意味着这"一波"现代国家成长过程的曲折和复杂。以中央和地方关系为例,中国三个半世纪的中央和地方关系的历史变迁清晰地展示了"三折"演变的曲折轨迹:清朝时期的地方化集中主义虽然有得但也有失,未能摆脱军阀混战和地方割据的国家分裂局面;民国时期集中化的地方主义和国民党政权的半集中主义经历了一番变迁,最终中国共产党实现了中国现代国家建设目标。

第二,"三环相扣"。第一环,守住青山版图在,"再造一个多民族的疆域国家"。这一环之所以重要,是因为一方面,它关系到国家的"版图",即领土与人口①,这是现代国家构建的"基本盘","它奠定了现代中国国家赖以形成的地理的、人口的乃至行政的基础"(第12页);另一方面,更重要的是,这一环还涉及汉族和其他少数民族的关系,"这比其他因素更能决定中国的疆域和治理方式"(第11页)。第二环,赢来旭日渐渐红,"将疆域国家的基础上,重构为一个近代的主权国家"(第12页),这里的焦点是"中国和外国的关系,它决定了中国国家的战略目标与政策优先项"(第11页)。第三环,重整天下归于一,"将中国由一个军事上和行政上非集中化的国家,经过重建和整合",改造为一个权力集中的、统一的现代国家(第12页),这里的焦点是"中央和地方的关系,它决定了中国国家的权力架构及其应对国内外挑战的能力"(第11页),是中国实现国家统一的关键环节。上述"三环"环环相扣,紧密连接,一起完成了中国现代国家构建的第一波:"中国国家转型的这三个环节在历史层面和逻辑层面都是紧密联系的。每一环对于缔造现代中国均不可缺席。"(第13页)

第三,"四层叠加"。如果说"一波三折、三环相扣"展现出中国现代国家形成过程的曲折性、复杂性、连续性,那么"四层叠加"则呈现出这一过程之结果的层次性、结构性、整体性。往外部看,在国际上,中国作为一个主权国家,在国际法下与所有其他主权国家一律平等,屹立于世界主权国家之林;就内部言,表层以党政体制为统治/治理结构,中层是一体多元的、统一的多民族国家,最底层则是延绵数千年的中华文明,它是国族认同深厚的文化资源。这表明,中国现代国家的建构不只是国家机器的现代再造,也是中华民族的新生和中华文明走向世界文明的开始。

---

① "版图"乃国家之领土与人口;"国家抚有疆宇,谓之版图,版言乎其有民,图言乎其有地。"温春来:《身份、国家与记忆:西南经验》,北京师范大学出版社2018年版,第9页。

显然,历史学家对 300 多年历史变迁的事实陈述本身即是对中国现代国家历史正当性的最好说明,我们所能做的不过是为这种说明提供一点政治学理论的注脚。就理论而言,中国现代国家的历史正当性至少体现在以下三个方面。

第一,维护中华民族的生存权和发展权。随着 19 世纪中国卷入主权国家体系,在国际政治和地缘政治激烈而残酷的竞争中,中华民族"面对的首要问题是,如何在欧、美、日控制的弱肉强食的国际环境中生存下来"①。中国现代国家构建的第一目标就是以枪炮、财富和官僚体系的重新组合再造一个现代国家机器,以确立中国的国家主权,确保中华民族生存下来:在偌大的地球上,让中国人在自己的领土上生存下来,维护其生存权,其正当性谁能质疑?历史证明,正是"在中国现代历史上第一次创造出一个强大的主权国家,结束了半殖民统治的束缚"②,这不仅维护了中华民族的生存权,而且为 20 世纪晚期中国的崛起奠定了最为坚实的基础,也为中国在世界和平与发展中扮演应有的大国角色、发挥积极的作用提供了基本前提。

第二,重塑中华民族的一体多元格局。中国现代国家的建构不只是国家机器的再造,也是中华民族的新生:56 个民族组成统一的中华民族,呈现为一体多元的格局,这也是上述"四层叠加"结构中极为重要的一层——一个统一的多民族国家。我们可以从"演化论"和"建构论"两种理论视角论述其历史正当性,即"将其视为历史的延续演化和主观能动建构彼此互动的产物"③。从演化论来看,56 个民族最终在 20 世纪整合、凝聚为一体,统一于中华民族,这既是中国历史上多民族不断

---

① 斯蒂芬・哈尔西:《追寻富强:中国现代国家的建构,1850—1949》,第 283 页。
② 佩里・安德森:《两场革命》,《思想》2011 年第 18 期。
③ 黄兴涛:《重塑中华:近代中国"中华民族"观念研究》,北京师范大学出版社 2017 年版,第 383 页。

融合、一体化范围逐渐扩大的产物,也是顺应这一长期历史演化大趋势的结果。就建构论而言,从清朝拉开多民族国家建设之序幕(新疆建省可视为标志性的举措),经民国走出"排满"之藩篱而高举"五族共和"之大旗,到中华人民共和国确立"民族区域自治"之制度①,曲折、漫长的历史探索所蕴含的正当性在于努力寻求国族统一性与族群多元性的共存结构、双赢格局。其实,重塑中华民族一体多元格局不仅有其充分的历史正当性,而且打破了所谓"一族一国"的"民族国家"迷思,为人类提供了国族统一框架下多元族群和谐共存的中国智慧。

第三,延续中华文明并使之现代转型。"在文化的意义上说,中国是一个相当稳定的'文化共同体',它作为'中国'这个'国家'的基础。"②更准确地说,中国之为一个国家,文明共同体是其根基所在,正如此书所述的"四层叠加"结构中,最底层的是延绵数千年的中华文明。从这一角度看,中国现代国家建构的历史正当性具有双重价值与意义。一方面,就中国自身而言,"留住我们的根",即延续中华文明。"中国人眼里的'中国'实则是'中华文明'的同义词,包括诸如中国的历史、朝代、儒家思想、中国人的思维方式……简言之,中国之万物孕育于中华之文明。"③在这个意义上,国家机器或统治当局不过是"中华文明的象征和守护者"而已。因此,中华文明的延续本身就是中国现代国家建设的内在组成部分。面对西方列强的各种欺凌、打压,经过长达数世纪的抗争,古老的中华文明幸存下来,以其顽强的生命力彰显了中国现代国家的历史正当性。另一方面,从世界来看,随着中国现代国家建设,中

---

① 参见王柯:《从"天下"国家到民族国家:历史中国的认知与实践》,上海人民出版社2020年版,第216、252、290页。
② 葛兆光:《宅兹中国:重建有关"中国"的历史论述》,中华书局2011年版,第32页。
③ 马丁·雅克:《当中国统治世界:中国的崛起和西方世界的衰落》,张莉、刘曲译,中信出版社2010年版,第161页。

华文明获得新生,开始其现代转型。这种转型意味着古老的中华文明不仅面向世界文明,与其他文明碰撞、互动、交融,接纳包括主权与人权、法治与民主、自由与平等、科技与创新等现代文明的基本元素,而且以崭新的姿态嵌入世界文明之中,成为其中不可或缺的重要成员。

由于中国现代国家建设道路的差异性,其所遭受非难的当然不仅是国家本身的历史正当性,而且还涉及其生命力:未来中国是否能继续维持其规模之"大"和结构之"强"的格局?"进而言之,中国的国家转型过程至今有没有结束?"(第10页)这种质疑指向中国现代国家未来发展的持久性。从政治学的角度来看,我们可以将这种质疑冷静地视为一种警示:中国现代国家转型的故事远远没有结束。虽然无论现代国家机器的构造、中华民族一体多元格局的重塑,还是以公民权利扩展为核心内容的国民建设,中国现代国家建设都成效显著,取得了长足进步,但是要在未来展现出持续的生命力,仍然有很长的路要走。在《中国现代国家的起源》的结尾,孔飞力曾意味深长地写道:"中国现代国家的规划是否能够超越狭隘的基础和僵化的中央集权而获得实现?这是一个只能由时间来回答的问题。现在,许多中国人相信,这是办得到的。如果真是这样的话,那么,可以肯定的是,中国建制议程的界定所根据的将不是我们的条件,而是中国自己的条件。"[1]也许,在"中国自己的条件"中,最根本的条件就是从以力强国转向以人强国[2],以一系列结构性的制度创新,"将个人整合进国家",寻求国家力量、个体发展和社会活力的有机统一。

---

[1] 孔飞力:《中国现代国家的起源》,第122页。
[2] 肖滨:《现代国家的两种治理艺术——对马歇尔·福柯论述的一种解读》,《公共管理与政策评论》2021年第2期。

现代国家概念与中国现代国家建构的展开

郭忠华

基于"中国何以现代?"来谈论李怀印教授的著作《现代中国的形成(1600—1949)》。主要包括三个内容,一是现代中国素描,讨论四个方面:其一,一个既大且强的中国;其二,中国通往现代的三大问题;其三,中国通往现代国家之分析进路;其四,中国现代国家构建的三大阶段。二是中国经验之理论探讨,讨论三个方面:其一,"帝国-民族国家"的迷思;其二,民族国家的迷思;其三,历史地看待中国的现代国家建构。三是进行一个评价与思考,提出"何谓现代国家? 中国如何现代? 中国何时现代?"三个问题并做出回答。

一、现代中国素描

关于现代中国的素描,李怀印教授的著作在导论以及后面两章中已经非常清晰地阐述了。首先,他从现象入手,探讨了中国为何成为一个既大又强的国家。从这个角度出发,对现代中国的分析主要体现在两个方面:超大规模的领土和庞大的人口。其次,中国具有一个强大的中央集权政治权力结构。因此,"如何使中国朝向现代化"成为一个重要问题,李怀印教授对此进行了三个维度的分析。第一个方面是汉族与其他民族的关系。对于民族问题,根据李怀印教授在著作中的阐述,在清朝时期,中国开始转向以五族为主导的范围,并在崛起后进行了另一方面的转变。

第二个方面是中国与其他国家的关系。历史上,中国是一个天下体系的结构,形成了一个朝贡体系,周边国家如朝鲜、越南等向中国朝贡。然而,随着西方的侵略,周边国家脱离了中国的天下体系。与此同时,中国本身也发生了转变,开始进入由西方主导的现代国际关系结构,正如李怀印教授所理解的主权国家的目标。一般来说,在政治学中,主权国家的范围更广泛,除了包括领土边界,还涉及独立自主的管理、排他性的管理以及对外的独立权等方面。

第三个方面是中央与地方的关系,即中国如何从地方化的集权结构转向高度的中央集权结构。对于这个问题,有三个分析定论,归纳为一个框架,即地缘政治结构、财政-军事结构和政治认同结构。中国现代国家建设经历了三个重要阶段,我将其概括为三个"国家"。第一个阶段是地域国家的建设,即从17世纪后半期到18世纪中期,清朝的两次立国战争以及两个阶段的立国战略,使中国完成了从原初型国家向地域型国家的转型。第二个阶段是主权国家的建设,主要体现在18世纪到19世纪后半期,在与西方的接触过程中,中国与原来的朝贡国家的关系发生了变化,并逐渐卷入由欧洲列强主导的现代国际关系中。最终,中国建立了一个在固定领土边界范围内进行独立管理的结构。第三个阶段是集权国家的建设,主要发生在20世纪上半叶。国民党曾试图实现集权,但最终未能成功,直到共产党在革命过程中通过一系列措施,特别是在意识形态和军事方面的措施,最终完成了第三阶段的国家建构。

二、中国经验之理论探讨

第一个方面是关于"帝国-民族国家"的迷思。在既有的理论预设中，帝国与民族国家被认为互为反题：现代国家建构是在打破帝国体系、民族自觉的基础上建立起单一民族国家的过程。我们可以理解为民族国家的建构是由于帝国的解体，然后转向民族国家的过程。然而，中国有着独特的经验——中国是世界上唯一在昔日帝国的基础上建立起来的现代国家，因此，帝国与民族国家之间并非互相排斥的关系。

第二个方面是关于民族国家的迷思，《现代中国的形成（1600—1949）》这本书也提到了这一问题。民族国家的叙事模式存在着一种强烈的西方中心主义意识，例如明确的民族边界、独立的国家主权以及政治上的民主法治等。这些方面将民族国家或现代国家的建构过程变成了普遍性的假设，以欧洲为基础普及世界各地，其他地方必须遵循西方的发展道路。当然，这种意识后来在不同的环境中受到了一些新的理论变革的影响，比如"现代化理论""历史的终结"或者"文明的冲突"等。不管是哪种观点，在正面或反面，都隐含着强烈的西方中心主义价值观和理论意识。然而，在中国通往现代国家的发展过程中，显然并没有完全遵循西方式的民主国家建构模式。虽然我们确实也具备清晰的领土边界和独立的主权国家所必需的要素，但在代议制民主模式方面，我们显然与西方存在差异。因此，从这个角度看，中国与西方的民族国家理论意识是不同的。相比于西方，中国建立起强大的集中化权力，而没有走西方式代议制道路。

第三个方面是以历史的眼光来看待中国的现代国家建构。在与既有理论进行对话的基础上，我与李怀印教授有同样的看法：通过历史的视角来认识中国，从中国本土或中国历史的角度理解中国的现代国家建构。我将其总结为四个要素：首先，在认识上要摒弃西方中心主义的理论预设和概念框架，发展以中国历史为基础的科学认识；其次，在视野上要从更长周期的政治角度来认识中国的现代国家建构，它经历了几个世纪,且至今仍然是一个未完成的工程;再次,在要素上不应只集中在某个单一要素上,而应从地缘、财政和认同等关系叠加的多维度视角来理解中国现代国家转型;最后,在走向上摆脱对西方模式的依赖和幻想,以中国传统和动力来建立自身的现代国家。

三、评价与思考

1. 何谓现代国家?——概念问题

"现代国家"的概念涉及中国现代国家建构的讨论,其中存在一个问题,即现代国家的定义是多样且复杂的,既有单一式的定义,也有复合式的定义。例如,韦伯(Max Weber)主要从暴力垄断的角度定义"现代国家",一些中国学者从国际关系的角度对其进行定义,这些都从某一特定角度来定义现代国家。然而,更多的是从综合的角度进行定义,例如中央集权、民主、法制等角度。吉登斯(Anthony Giddens)认为领土边界、暴力垄断、资本主义、工业主义等,是现代国家形成所必需的组成部分。此前,肖滨老师对皮尔森(Pierson)提出的现代国家十大要素进行了阐述,进一步复杂化"现代国家"的定义。李怀印老师主要将地缘国家、主权国家和集权国家视为中国现代国家形成的三个方面。现代国家作为一种理想类型的存在,与现实中的现代国家有所区别,现代国家的历史建构只能以其中的部分要素为基础展开。

2. 中国如何现代?——动力问题

中国既作为理想类型的现代国家,又作为历史事实的现代国家。肖滨老师之前列举了现代国家的许多要素,这些是建构现代国家必须解决或超越的问题。然而,在任何一个现代国家的建构中,可能只有其中一部分要素在发挥作用。就像李老师在书中提到的那样,中国现代国家的形成包含三个方面,因此这可能只是中国通往现代国家的一个阶段，在此阶段实现了三个目标。在有关现代社会科学方法论的讨论中，美国学者在讨论现代国家的问题时采用了理想类型的概念，这对于现代国家的定义具有启发性。

关于中国现代国家建构的动力分歧，主要可以从内部动力和外部动力两方面来讨论。一方面，"刺激-反应"学说将其归结为内部动力，主要从内部探讨中国现代国家的动力来源；另一方面，其也是国家建设的动力，即讨论中国是以社会建设为中心的现代国家建构还是以政权建设为中心的现代国家建构。为什么西方一直认为中国不是现代国家？这是因为西方有其自身的发展方向，从社会、公民、个体的发展出发，最终实现现代国家的建构。此外，西方民族国家以西方式法治、民主等作为衡量现代国家的标准，因此也用这些标准衡量其他国家。中国最初以政权建设为中心，将政权视为国家建构的手段，或者说将中央集权视为建设强大国家政权的手段，因此国家本身就是其目标。

就国家建构的动力而言，在我看来，内部和外部因素都很重要，关键取决于所要分析的要素，例如集权要素（内部）和国际关系要素（外部）。就像领土建构型国家的转型一样，在1750年清朝第二阶段立国战争结束时，当时的皇帝并没有现代国家的概念。然而，一旦与现代性的背景相结合，这就成了现代国家转型的步骤，因此内部动力是重要的。但有时外部因素同样重要，比如中国被动卷入世界民族国家体系的国际关系中，此时外部要素就非常重要。因此，并不存在哪种动力更重要，重要程度取决于所选择分析的要素。

3. 中国何时现代？——不同历史时期的贡献问题

对中国迈向现代国家的分析，实际上存在多种不同的观点。例如，福山（Francis Fukuyama）提出了"秦汉论"，将现代国家建构最早的一步视为中央集权体系的建立，认为这是迈向现代化的起点。秦朝在建立中央集权体系方面做出了贡献,后续朝代在此基础上不断完善和发展。另一种观点是葛兆光的"宋朝论",认为宋朝时期已经形成了完备的国际关系,中国与周边各国、各民族之间已经建立了多方面的国际交往。再就是"清代论",将国家转型置于清朝时期,不论是清早期还是清晚期,中国在清朝真正打开了与世界交往的大门,并逐渐参与到国际社会中。从历史累积和历史延续性的角度来看,中国现代国家的建构并不仅仅局限于清这一时期。尽管清朝确实具有许多独特之处,但它实际上承载的是历朝历代的制度遗产和文化观念等。无论如何,在清朝这一阶段,在西方冲击下,中国迈出了向现代国家转型的脚步。

认识论视野中的中国国家现代性

罗祎楠

如何理解中国自身历史发展道路的现代性问题?这是历史学与政治学共同关心的问题。进入21世纪,伴随着对"中国道路"等问题的讨论日益热烈,不同学科学者重新聚焦于中国自身的历史独特性,以此说明用西方"现代性"政治发展模式看待中国的局限,进而证明中国沿着自己的发展道路同样可以产生中国式的现代化治理模式。

与现有关于国家现代性的讨论不同,我将从认识论(epistemology)的角度分析中国国家现代性问题。我并不止是要厘清诸如现代性是什么,中国的现代性是什么,中国是不是现代性的国家或者现代性的社会,中国如何走向现代等问题;我还要聚焦于学术界"如何"呈现中国历史发展的现代性特征,并将这一过程纳入学理分析,这便是我从认识论视野探讨中国国家现代性的含义。我将首先简要分析21世纪后学术界对历史目的论的批评,以及由此兴起的历史经验主义的认识论特点及其塑造的学术生态;进而讨论"历史解释"研究意识的兴起,如何促使历史学与政治学思考使解释得以成立的认识论基础;最后讨论如何从认识论角度回答中国国家现代性如何生成的问题,并通过比较不同作品的认识模式,讨论模式差异如何使它们呈现出中国国家现代性的不同面貌。

通过回答这些问题,我将初步展现在历史政治学对现代性的研究中,认识论转向(epistemological turn)对历史与政治学互动生态的可能影响。这种转向的核心特点是将研究过程本身纳入讨论之中,这可以使学者能够在一个具有公开性、公共性的场域中,去探讨如何将历史经验转化为对中国历史现代性的整体认识,从而将从经验到理论的转化过程变为可言说、可分析的学理过程,不再纠结于诸如本土历史经验与外来理论孰优孰劣的争论之中。

一、对现代性研究认识模式的分析:超越历史目的论和历史经验主义

历史目的论(teleology)将西欧历史中已经形成的导向现代国家的历史机制(如民主化、理性官僚制、共同领域等)作为人类走向现代国家的普遍发展道路,并以这些机制的特征来衡量中国历史。持历史目的论的学者认为中国历史发展缺乏(或具备)这些机制中的部分特点,因此中国在现代化道路上停滞(或发展),无法(或可以)实现现代文明。目的论的典型应用是日本学者提出的"唐宋变革论"。20世纪初,日本学者内藤湖南认为,唐宋时期最重要的变革是君主专制整体的出现,以及中国朝廷与地方社会之间的疏离。这种特征一直延续到当时的中国,阻碍了中国走向现代文明。内藤湖南之所以对中国历史整体结构做出这样的描述,是因为他认为现代政治的核心特点在于公民民主社会挑战并推翻了君主专制。他以此为普遍标准来衡量中国唐宋时期的历史,发现唐宋时期的变革导致中国社会君主专制的出现并不断加强,国民与朝廷之间的隔阂越来越大。他进而判断,直至当代,中国依然停滞在这种前现代阶段。当然,历史目的论并不等同于历史停滞论。另一些学者则强调传统中国已经具备了西方现代文明的某些特点。例如,有学者认为中国在清代甚至更早时期就已经形成了类似于欧洲早

期现代社会的公共领域(public sphere),尽管这个公共领域中的社会力量仍然难以与君主对抗。① 虽然这两种理解对中国古代历史是否具有现代性持有不同观点,但它们都以目的论的方式研究历史。

伴随着中外学界对历史目的论的批评,另一种历史经验主义的研究方式兴起。持这一观点的学者批评目的论所呈现的中国历史图景无法涵盖大量的中国历史经验,他们强调中国历史经验的复杂性超出了任何中观、宏观理论框架的涵盖范围。研究者将"理论"与"历史经验"视为完全不同的领域——历史经验的发现依赖于中国史学已经熟悉的基本方法,如考证、史料学等。研究者相信,通过这些历史工作,可以探寻历史经验层面的客观真实。主观观点的理论要想成立,必须以客观经验为支撑。然而,宏大理论很难得到经验支撑,因为中国历史的丰富性使得研究者可以找到各种经验材料来反驳理论的成立。所谓的"理论"在历史经验主义看来,只是对历史某些整体特征的概括性描述,比如"传统中国发展出了资本主义政治经济""自南宋开始中国精英着力于地方活动以获取资源""中国具有和欧洲近代早期类似的公共领域"等。历史经验主义通过找到与这些概括描述不符的证据来反驳理论。例如,学者可以通过历史考证说明南宋精英不仅关心地方生活,还关心中央政治;或者说明中国北方的地方秩序并不是由乡绅而是由地方组织维系的。由于历史学者可以通过丰富的历史资料证明任何"理论"都存在错误,他们怀疑现代学术"理论"能否认识传统中国的历史真实。这样的怀疑还引发了一系列研究伦理问题,比如将所谓的"理论"称为"玩"理论,进而研究者只承认对中国具体历史经验的考证,或者只使用古代中国的"本土"语言来概括历史,人为地将所谓的"本土"和"外国"

---

① William Rowe, *Hankow: Conflict and Community in a Chinese City, 1796-1895*, Stanford: Stanford University Press, 1989.

划分开来,以捍卫自身的合理性。历史经验主义当然推进了对某些局部历史经验的研究,特别是对具体政治经济制度内容的考证,以及对某些历史事件和人物的还原等工作。但是不可否认,在历史经验主义看来,中国历史的现代性问题成了一个伪问题,因为历史学家相信任何关于现代性特征的理论判断都无法概括中国"本土"的某些历史经验。讨论现代性就像"玩"理论一样,必然被对历史碎片的具体经验研究取代。

同样,对于政治学来说,历史经验主义引导学者将历史视为构建理论的证据素材。学者可以将历史资料转化为测量变量的数据库,或者挑选历史资料证明某些理论概念。政治学也在无意中形成了一种学术知识生产的"分层"想象,在这种分层中,历史学家的工作被认为仅负责对历史经验事实的考证和审核,他们的工作局限在经验层面,而政治学者则负责将这些事实"提升"为如"现代性"这样的理论概念。在这种想象中,政治学者被视为理论工作的"高级"从业者,但同时,他们也感受到面对历史学在经验准确性上的挑战时的无奈。学者对"社会科学理论"与"历史经验事实"之间的划界想象,影响着学术生态的运作。

近来,在这种生态之外,我们注意到新的学术生态正在兴起。在历史学中,学者开始重新思考历史解释的可能性,从阐释学的角度反思历史经验组织背后的理论前提与历史解释之间的关系。[①] 与此同时,在政治学领域,备受关注的"历史转向"也开始研究历史文化系统在构建政治行为底色过程中的基础性作用。[②] 尽管属于不同的学科领域,但它们在"历史解释"问题上产生了交集。历史解释工作使得历史经验主

[①] 代表性的讨论,参见李红岩:《从阐释学到历史阐释学:何为历史的"正用"》,《探索与争鸣》2020年第11期;晁天义:《阐释学对历史研究的启示》,《史学理论研究》2020年第3期。

[②] 杨光斌:《历史政治学的知识主体性及其社会科学意涵》,《政治学研究》2021年第1期。

义在学术理论上面临实质性困境,历史解释不仅需要历史学家和政治学家了解"是什么",还需要将各种历史经验片段资料组织起来,形成对历史现象(例如事件、制度)如何发生以及为什么发生的解释,而这一过程的核心在于建立历史经验现象之间的关联。学者必须回答关于认识论的问题:为什么我们以"如此方式"将历史材料组织起来是合理的?为什么这样的组织方式能够赋予历史叙事以因果关系?进一步,他们需要说明:在历史过程中,哪些实质性特征可以成为解释历史结果的原因?历史学家对于实质性特征的概括又源自哪种理论视角?他们需要深入探讨关于自我和学术共同体如何构建历史解释方式的过程。学者不能再将争论的焦点简单地放在历史材料是否能够证实某种理论上,因为他们需要将材料"如何能够"生成对历史现象的理论解释作为公开讨论的话题。当学者在学术层面进行认识论问题的交流和讨论时,就能够避免以"本土 vs 外国""历史实证 vs 政治学理论"的方式来划定历史学和政治学的界限,从而减少争论和隔阂。在共同的认识论视野中,历史学和政治学找到了"共同成长"[①]的空间。

在认识论视野中,学者不再仅关注寻找片段性的历史经验证明或证伪现代性的某些抽象特征(如代议民主、公民政治等),而是从更加丰富的层面分析国家现代性的生成所蕴含的"认识模式"。所谓"认识模式",指的是研究者通过理论对历史事实进行整体性解释的方式,我所讨论的认识模式包括三个主要因素。

第一,研究者基于对社会行动的何种存在论(ontological)的认识来构建具有解释性的历史叙述?研究者的历史叙述总是围绕行动者如何行动展开的,行动者可以是个人,也可以是组织、群体等,历史学家的

---

① 对"共同成长"意涵的讨论,参见阿尔弗雷德·许茨:《社会世界的意义建构:理解的社会学引论》,霍桂桓译,北京师范大学出版社2017年版,第99页。

叙述绕不开这些行动者。历史学家对社会行动的基本理解框架使他们以不同的方式阐释历史，无论是将历史人物视为采取"策略手段"以满足"目的动机"的行动者，还是将人们对世界意义的不断理解视为解释行动的基础，研究者都会依照他们对行动的基本认识来讲述历史。他们可以将历史讲述成如"宫斗剧"一般的策略性竞争，也可以展现历史人物如何在对世界意义的图景中看到彼此的角色和位置。[①] 他们对同样的研究对象可以讲述完全不同的故事，而引导他们的便是对行动的不同本体性认识。

第二，研究者如何展现历史因果过程的历史质性？所谓"历史质性"是蕴含在历史过程之中，促成各种历史现象生成的历史实在（real）。历史质性并非可以直接测量和感知的，而是需要依靠学者以自身的理论视角来表现出的历史实在性特质。历史质性是历史过程的理论"意义"，研究者运用理论说明历史过程对自己和学术共同体"可能意味着什么"。要想完成这一工作，研究者需要运用历史比较、理论构建等方法，来合理地说明为什么某种理论可以概括历史因果过程的实质性特征。所谓"实质性特征"，并不是要证明这些理论概括代表可以推广的规律性认识。研究的目的在于展现某一历史案例所具有的理论特质，即说明此案例如何在某一理论系统中具有最强的典型性——或者说最能体现此理论的内涵。这一过程同样需要研究者展现历史案例的一般性意义，但此种意义并不在于案例得出的理论可以推广到多大范围，而在于研究者运用学术共同体共享的理论知识来表现案例的意义，从而使案例成为可以被共同体理解、反思和讨论的对象。无论研究者是否同意对历史质性的某种展现，他们都共同相信历史质性是多元

[①] 对这两种叙述方式的详细比较，可参见 Hans Joas, *The Creativity of Action*, Cambridge: Polity Press, 1996, pp. 146-195。

的。每一束理论都照亮了历史的一部分,同时也遮蔽了另外的部分。作为历史真实的"质性"并非只是被照亮的那部分,其也是不断照亮历史过程的本身。

第三,研究者如何展现历史质性所具有的生成历史现象的因果力量(causal power)?① 此种"力量"(或权力)并非一个实体由于自身具有的物质资源、合法性等优势施加给另一个实体使之服从意志的过程,而是依赖研究者的学理分析才能展现出来的因果过程。研究者需要分析一系列看似分散的历史现象是如何被共同的历史实在之质促生的。要想进行此种分析,研究者需要说明历史质性如何通过社会行动显现作用,也就需要将对社会行动的理解与历史质性特征建立起关联。历史质性能够解释越多的具体现象,其因果力量也就越强。②

下面我们通过对中国国家现代性研究的作品分析,来说明认识模式如何塑造了对现代性的认识。

二、历史质性:中国国家现代性的展现方式

李怀印《现代中国的形成(1600—1949)》以历史目的论为对话对象。作者强调不能简单地用帝国转向民族国家的基本模式衡量中国历史,并凭此论断中国体制不具有所谓的"现代性"。作者进而提出解释现代国家能否产生的三个历史质性机制:一是地缘政治,即面对外来挑

---

① 关于因果力量的理论含义,参见 Dave Elder-Vass, *The Causal Power of Social Structures: Emergence, Structure and Agency*, New York: Cambridge University Press, 2010, pp.4-5。

② 赵鼎新同样认为历史学家预先建立的机制能够解释越多具体历史现象性问题,也就越成功。作为认识论模式的历史质性研究,强调将机制"如何"解释现象纳入分析,因此并非演绎(deductive)的认识逻辑。Dingxin Zhao, *The Confucian-Legalist State: A New Theory of Chinese History*, Oxford: Oxford University Press, 2015, pp.24-27。

战,国家统治者能否制定相应的目标以应对;二是财政动员机制,即国家如何通过财政税收抽取社会经济资源,使之成为国家可以调动以达成目标的资源;三是政治认同机制,即在分配社会经济资源时不同的政治力量以及社会政治集团内部成员之间的认同和凝聚力,这种认同越强,财政和军事资源的使用效率也就越高(第18—19页)。

作者提出这种质性框架的动机,源于他在政治学理论与历史研究两个领域的研究工作。首先,作者对于机制的认识受到了英语世界国家建构研究若干理论流派的影响。作者对于地缘政治讨论受到了奥托·辛茨(Otto Hintze)、韦伯等战争国家理论的影响,该理论强调欧洲近代早期地缘战争推动统治者创新制度以应对战争挑战,现代国家的兴起是应对战争的结果。作者对于国家财政动员机制的讨论受到了查尔斯·蒂利(Charles Tilly)等关于国家如何在不同的经济资源条件下建立政治机制来汲取财政收入的影响,不同的经济条件促使国家或是依赖民主体制或是依靠强制制度来获得收入。① 其次,作者对社会内聚性与认同对国家能力的影响的理论受到了迈克尔·曼(Michael Mann)等学者关于社会凝聚性与国家建构性权力(infrastructure power)关系研究的影响。② 这些理论视角引导了作者整理自身对中国历史经验的理解,在经验与理论视角不断的相互启发中,将理论视角转化为"分析"历史意义的框架。作者详细叙述和分析了中国国家发展中的三个关键时期:18世纪末到19世纪末整整一个世纪的社会、内政和地缘政治危机对清朝统治方式的挑战,清政府为应对挑战而开展的自强运动和清末新政,连带的整个社会精英的自我转变(第26—30页);军阀混战中集

---

① Charles Tilly, *Coercion, Capital, and European States, AD 990−1992*, New Jersey: Wiley-Blackwell Press, 1993.
② Michael Mann, *The Sources of Social Power: Vol. 2, The Rise of Classes and Nation-States, 1760−1914*, Cambridge: Cambridge University Press, 1993, pp. 59-60.

权地方主义的出现与国民党最终的胜利(第31—33页);国共斗争中中国共产党的最终胜利(第34页)。作者将这三个历史过程中所见的关键历史特征与政治学关于国家建构机制的理论相呼应,最终揭示了蕴含在历史过程中的实在性特点。

作者进而展现出历史质性如何导致了中国国家现代化过程中的各种现象。他主要通过两个层次来展示质性如何导致现象的涌现(emerge)。其一,作者强调这些机制不仅是历史上的外在形式特征,而且构成了行动者的动机。统治者自觉地以应对挑战为目标,追求更有效地增加财政能力、建立政治认同和塑造社会国家的凝聚力。这些机制内化为行动者的动机,从而解释了为什么国家制度等作为达成目标的手段会发生。其二,这些机制还包含对行动结果的衡量。作者的历史叙述不仅包括行动者的追求,还包括作者对结果的评判:原有目标是否达成?达成的方式如何?与其他行动者相比是否具有优势?作者相信历史行动者也会像他一样进行评判,并展开后续的应对行动。因此,作者根据这三个机制建立了基本的社会行动模型,并运用这种模型来叙述历史。在这种模型化的叙事中,历史行动者追求实现上述三个目标,根据清帝国的历史遗产采取一系列策略,包括建设新的制度等。如果这些制度没有实现目标(无论这种判断来自作者自己还是历史行动者),那么这种不足反而可以促使历史行动者利用已有成果推动他们继续行动。在竞争中,目标实现效果不佳的行动者会被淘汰,而胜利者的成果会得到巩固。在不断的优胜劣汰和成果累积中,中国国家建设逐渐接近实现这三个目标,国家现代性由此产生。例如,作者在历史叙事中讨论了从18世纪末开始到19世纪末达到极致的内外危机如何破坏了清朝长期的财政结构,地缘政治危机推动清朝统治者改革地方财政体制以增加财政资源的汲取能力。这种改革影响了地方对中央的认同结构,地方精英开始要求获得更多权力,从而出现了地方化的集权主义。地方集权主义为新的历史发展奠定了基础,为中国走向现代主权国家创造了条件。在发展地方集权的过程中,国民党成为具有资源动员和社会认同优势的地方性力量,战胜了其他军阀,统一了中国。然而,新兴的共产党通过有效提高自身的社会凝聚力和财政动员能力,在新的层面取得了突破,并最终战胜了国民党,塑造了中国现代国家的形态。作者将一系列具体事件融入历史叙事,展示了历史机制如何导致了一系列看似无关的现象的出现。正是在这种从历史实在到现象的不断运动中,中国作为一个具有现代性的国家从历史中涌现出来。

通过与其他作品的比较,我们还可以看到不同的认识模式可以引导研究者对中国国家现代性产生不同的理解。赵鼎新在《儒法国家:中国历史的一个理论》中提出了一种不同的认识模式,用于理解中国的现代性。作者首先界定了人类历史的结构性机制,将人类之间的竞争、追求战胜和支配他人视为社会的基本结构。接着,作者建立了四种人类竞争性行动模式(behavioral traits),并将其作为分析历史现象的理想类型。这四种模式展示了行动者(包括群体、组织以及某种文明)如何"理解他们生活的意义,向自己和他人证明行动和目的的合理"。这四种模式包括:对自然资源的榨取、转化、分配和消费的渴望,对侵略性和组织防御的需求,建立中央化和强制性规则以确保支配和合作的社会本性与渴望,将个人生活和行动合理化或赋予其荣耀的需求。这四种行动模式使得行动者能够在竞争中积累四种权力:经济权力、军事权力、政治权力和意识形态权力。当行动者(甚至某种文明)在某些行动模式上更为擅长时,他们就会在相应领域积累更多的权力资源。同样,当某些行动模式被某个文明中的人们广泛采纳时,该文明在相应领域就会拥有更强大的权力资源,更有实力应对相应挑战。① 作者运用这一理论框架来分析中国从西周到现代的长时段历史进程,将中国传统国家发展的历史表现为意识形态和政治行动模式被社会广泛接受的过程,这就是中国的儒法国家形态。在这种形态中,意识形态和政治权力资源的积累是中国传统社会自西汉以来延续的主导社会行动模式。

作者进一步强调,这种历史结构性机制可以回答一系列更具体的历史问题,例如:为什么西汉确定的政治文化制度模式可以经历不同时期的变迁,灵活应对挑战,并保持相对稳定?为什么相比于清朝和元朝等北方少数民族建立的政权,汉族可以建立更为持久的帝国?为什么中国的民间宗教在宋代之后得到更大的发展?为什么明代后期的一些非正统儒学思想没有削弱理学的主导地位?② 通过对历史人物在具体情境中的思想和行动的考察,作者展示出四种行动模式及其产生的权力资源如何影响具体的历史发展轨迹。

正是基于对历史结构的基本认识,作者认为自汉代开始的中国儒法国家不同于现代性国家,因为后者的基本特征在于政府和社会都将"私人导向的工具理性转化为社会行动的正面价值并服从这种理性的支配"③。作者认为,在上述界定下,儒法国家的理性模式与现代性国家在基本运行逻辑和资源累积优势上都不同。作者的叙事表现出,在追求意识形态和政治权力为主导的社会中,即使可能出现类似现代政治的某些现象,但当将这些现象和其他现象连接起来,或从更长时段观察这些现象时,会发现其依然受到儒法国家结构的影响。作者由此批

---

① Dingxin Zhao, *The Confucian-Legalist State: A New Theory of Chinese History*, p. 32.
② Dingxin Zhao, *The Confucian-Legalist State: A New Theory of Chinese History*, pp. 6-13.
③ Dingxin Zhao, *The Confucian-Legalist State: A New Theory of Chinese History*, p. 45.

评加州学派过于强调偶发事件对生成现代性的作用。在这本书的叙事与分析中,现代性体现了文明形态通过稳定的行动模式而长期积累的权力资源特征。

赵鼎新与李怀印的作品在认识模式上存在差异,主要体现在对社会行动模式理解的差异上。后者强调国家建设者具有追求国家现代性的诉求,并可以不断调整自身行动以实现这一诉求;前者则没有将不同文明中的行动者共同的现代性诉求视为行动模式的一部分,反而关注行动者如何理解和展示行动的意义,证明行动和目的的合理性,并由此建构出行动模式的四种理想类型,以此理想类型来分析历史,将现代性是否出现视为不同行为模式组合的结果。对行动模式的不同理解,也导致两部作品对历史性质的不同理解。赵鼎新强调通过行动模式积累权力资源的过程,并以经济、军事、意识形态和政治四种类型来说明这种性质;这与李怀印按照追求的目标和结果的差异来划分的三种历史机制不同。在展示历史性质和现象关系方面,李怀印将历史人物的追求—手段—结果作为叙事机制,解释现象生成的基本框架;赵鼎新则关注多样历史动态情境中充满变化可能性的情况,认为这反而会强化儒法国家的基本结构。正是这些认识模式的差异,使得两位作者在"中国是否能够自我发展成现代性国家"的问题上持有不同的观点。

三、结语:认识论自觉中的国家现代性研究

我从认识论的视角反思对中国国家现代性的研究,分析研究者不同的认识模式如何塑造了对现代性的不同理解。历史解释的研究倾向促使历史学者和政治学者重新反思学者如何组织资料来建立解释,这为学界超越历史经验主义所造成的理论与历史经验之间的隔阂提供了可能性。我提出了"认识模式"来说明建立历史解释的可能方式,将历

史学者和政治学者构建历史叙事和历史性质分析的过程本身纳入明确的分析范畴中。通过分析和比较,我们可以看到对中国国家现代性的认识是如何在不同的认识模式中产生的。在认识论的视角下,研究者可以克服客观经验和主观理论之间的模糊性和任意性。他们可以通过进行不断的认识论分析和反思来拓展国家现代性研究的边界,这就是认识论视角下国家现代性所具有的意义。

作者谈
革命·现代化·国家形成

李怀印

一、不断演进的问题意识

现代中国到底从何而来？20世纪以来的中国究竟在多大程度上是一个现代国家？今后的中国将走向何方？相信所有关心近现代以来中国的历史命运的人，都会有类似的发问。近百年来，有关近现代中国的历史书写层出不穷，人们对近世以来中国历史的认识也在与时俱进。一个半世纪之前，面对刚刚到来的西方列强的冲击，李鸿章曾经感叹，谓中国所遭遇的是"数千年来未有之强敌"，当下所经历的是"数千年来未有之变局"。实际上，他仅仅意识到，中央政权所面对的不再是来自北方草原的铁骑，不再是传统意义上的边患，而是前所未有的对手，是利用工业革命和军事革命武装起来的全新敌人，"炮弹所到，无坚不摧，水陆关隘，不足限制"①。不过，在李鸿章看来，西方的优长也仅此而已。终其一生，李鸿章及其同僚都没有看到坚船利炮背后更深刻的东西，以为只要把世界上最先进的洋枪洋舰购到手里，中国便可高枕无忧。1888年，北洋水师成军，论规模和先进程度，一时在远东地区无有

---

① 李鸿章：《李鸿章全集》第24卷，安徽教育出版社2008年版，第825页。

出其右者。李鸿章对北洋水师捍卫海疆的能力也信心满满。梁启超谓当时的情况,"虚骄之气日甚一日,朝野上下莫不皆然",可说是19世纪80年代末、90年代初清朝统治者心态的真实写照。

梁启超的过人之处,在于他从世界历史的高度,看到中国处在一个前所未有的过渡时代。他在1901年撰文指出,"欧洲各国自两百年以来皆过渡时代也",且各国的经历不同,有"顺流而渡"者如英吉利,有"乱流而渡"者如法兰西,有"方舟联队而渡"者如德意志,等等。梁氏这里所说的过渡时代,实即近代民族国家(modern nation-state)的建造过程。在18—19世纪的欧洲,确有不少国家完成了这一过渡,其情形一如梁氏所云,"或渡一次而达焉,或渡两三次而始达";而就整个世界范围而言,更多的国家却在艰难地挣扎,"或渡一关而止焉,或渡两三关而犹未止焉"。至于彼时的中国,梁氏谓其"实如驾一扁舟,初离海岸线而放于中流,即俗语所谓两头不到岸之时也"①。可以说,梁启超是用比较历史的眼光看待中国近现代历史的第一人。

自梁启超之后,有关近现代中国的各种历史叙事,随着时间推移和世事变迁,不断地推陈出新,但总的来说,不外乎前辈史家在20世纪三四十年代所开创的两种模式,也就是张闻天、范文澜等人所推出的革命叙事,以及蒋廷黻、陈恭禄等人所构建的现代化叙事。此后七八十年里,就中国近现代史的宏大叙事而言,人们只是在这两种叙事的基础上不断修正、增补而已。这两种叙事各有千秋:革命叙事的重点在于说明,19世纪以来的中国历史,是一部反帝反封建的革命斗争的历史,这段历史以中国共产党领导的新民主主义革命的胜利而告终,走社会主义道路是中国近现代史的必然选择;现代化叙事则着眼于中国从传统

---

① 梁启超:《梁启超全集》第2卷,中国人民大学出版社2018年版,第292—294页。

农业社会向现代社会的转变过程，认为现代化虽然不能简单等同于西方化，但学习西方、走资本主义道路却是现代化的主要内容，发展市场经济、走改革开放的道路，是中国历史的大势所趋。总的来说，在不同历史时期，因应不同的时代要求，这两种叙事呈现此消彼长的态势。现代化叙事主导了民国时期的主流史学界，被广泛用于大学历史教材，而革命叙事主要用于共产党根据地的革命历史教育，在国统区左翼知识分子中也有一定的影响力。1949年以后，革命叙事取代现代化叙事，在近现代史的书写和教学中占据主导地位。而现代化叙事在沉寂了30多年后，于20世纪80年代重新回到人们的视野，并在史学界盛行一时，呼应了当时改革开放、与国际接轨的总趋势。① 但是进入21世纪以来，无论是现代化叙事还是革命叙事，都已经在学术界失去了往日的魅力，甚至已经被人们遗忘；绝大多数近现代史研究者都投入到对历史细节的挖掘、考证之中。近一二十年来，探讨中国近现代史的主线问题，以及诸如太平天国、洋务运动、辛亥革命、义和团、北洋军阀等重大历史事件或历史现象的著述少之又少。这些问题在20世纪八九十年代曾经是历史研究的热点问题，现在却不再引起人们的兴趣。

  在西方尤其是美国，中国近现代史研究领域也有类似的转变。冷战时期，人们关注的同样是晚清以来的重大政治事件和重要历史人物，尤其是共产党革命，这些曾经是本领域最受关注的课题。研究范式也在革命与现代化两者之间徘徊。那些同情社会主义中国的学者，倾向于从19世纪以来中国社会经济变迁的长期趋势入手，解释共产党革命的兴起及成功的原因。更多的研究者则把近现代中国放在西方挑战与中国回应的视角下，突出中国从传统到现代的转型过程。冷战结束以

---

① 详见李怀印：《重构近代中国：中国历史写作中的想象与真实》，中华书局2013年版。

后,人们对重大政治事件以及宏大历史议题的关心也逐渐消退,让位于新的学术兴趣,研究重心越来越多地转移到过去不曾注意或者被边缘化的题材上面,尤其是那些与人们的日常社会文化生活相关的话题,是为所谓的"新文化史""新社会史"转向。但最近一二十年又有了新的变化,除了新文化史、新社会史继续流行之外,还有一些人开始从跨国史或全球性的视角,重新思考一些比较宏大的议题。产生这一转变的背景,跟改革开放以来中国在经济上的崛起和在世界政治舞台上所扮演的新兴大国角色相关。背后的问题意识,已经不再是过去的社会主义与资本主义道路之争,而是如何从长时段历史的角度理解中国的崛起。中国的崛起到底意味着什么?中国的世界性大国地位是否只是一时的现象?最终是会如同苏联那样,走向四分五裂,还是会持续下去,成为一种长期的趋势?在试图回答这些问题的时候,人们又产生两种倾向。一种倾向认为,中国在经济上的崛起有其历史根源,当下中国经济上的成功事实上只是过去数千年来中国经济一直领先于世界的再版而已。如果没有如此直白的表述的话,至少会有重新认识近代以前中国的经济实力以及近代以来其为何落后于西方的潜意识和研究志趣。这便是所谓"加州学派"产生的背景。这些学者的相关研究所得出的结论,正是他们所期待的:原来中国在 1800 年以前在各个方面并不落后于西方,在人均消费水平、人均寿命等最重要的指标上,已经与西方齐头并进;在国家建造方面,18 世纪的清帝国也可与西方崛起中的财政军事国家等量齐观。用濮德培(Peter Perdue)的话说,清代国家"并不是一个孤立的、稳定的、统一的'东方帝国',而是一个不断演进的国家结构,从事战争动员和领土扩张",因此清帝国"并没有与欧洲分道扬镳"。[①]

---

① Peter Perdue, *China Marches West: The Qing Conquest of Central Eurasia*, Cambridge: Harvard University Press, 2005, p. 527.

另一种倾向则折射出西方部分学者对崛起中的中国的焦虑和质疑。他们要追问的是：中国的大国地位是否可以持续？中国的现行制度和疆域格局能否延续下去？出于这种质疑，一些人试图把清朝的历史与当下的中国加以连接，重新解读清朝国家的性质，认为清朝既不是过去人们所认为的一个统一的多民族国家，也不是一个真正意义上的中国王朝，而是一个"内亚帝国"，这个内亚帝国由东北、蒙古、西域、西藏、中原组成，由汉族组成的内地各省只是帝国诸多板块的其中一个而已，满族人也不是过去人们所认为的已经汉化，而是自始至终保持了满族的主权特性，并且一直在极力维持其"族群主权"(ethnic sovereignty)。这便是近年来大行其道的"新清史"的主要观点。这些观点背后存在一个未经明确表述的臆断，即当代中国作为一个现代国家不具有历史合理性。做出这一论断的原因是其他所有帝国在衰落过程中都已经四分五裂，形成了多个民族国家，而中国独特地延续了昔日清朝帝国的疆域，并保留了各个边疆。

新清史的兴起已经引起国内学者的回应，但总体上人们还是就一些枝节性问题展开争辩，很少从长时段的宏观史角度探索清朝与现代中国之间的关联。过去的革命史和现代化史叙事，也难以回应这些在21世纪中国作为世界性大国崛起背景下面临的全新议题。讲得更具体些，革命史只能告诉人们今天中国的政权和制度形态从何而来。这仅仅涉及中国作为一个现代国家的构成要素之一，即政权问题。但是一个现代国家还有其他的构成要素，包括疆域、族群和主权。此外，现代化趋势只关注体现普遍主义的"现代性"各项要素在中国的移植、发育和成长，关注的重点是中国与其他现代国家之间的趋同现象，却不能够解释趋异的方面，或者认为中国在现代化过程中所出现的一些"异常"现象只反映变革的滞后，最终还是要趋同，因此也不能有效回应21

世纪的国际地缘政治背景下产生的新问题。但应该说，现在已经有条件在这方面进行较为全面系统的回应。这主要是因为，经过近几十年来国内外学术界同行对清代以来中国经济、财政、军事和社会、政治各个领域的深入研究和学术积累，我们对涉及中国近现代史重大历史问题的重新认识，已经有了相当坚实的实证基础。《现代中国的形成（1600—1949）》这本书的写作，正是在这些研究的基础上展开的。我在写作过程中充分吸收了中国近现代史研究各个领域的现有成果，在此基础上对涉及国家形成和国家转型的各项问题，从比较史和全球史的视角进行了新的思考。

二、国家形成的研究方法

下面再简单谈一下这本书的研究方法。国家形成的研究有各种不同的方法，过去影响较大的主要是这样两个流派。一派可以称之为正式主义（formalism）或结构主义（structuralism），其中最具影响的当数现代化理论（modernization theory）。现代化理论追根溯源，又可以从韦伯的学术中找到源头。韦伯分析不同社会和文明，区别政治体的各种类别，倾向于从中提炼出一些普遍适用、具有高度概括力的概念和理想形态。比如传统型的政治体，他用"父权家长制"（patriarchalism）和"世袭君主制"（patrimonialism）之类的概念加以定义；与这些传统形态相对立的，则是现代官僚制（modern bureaucracy）。但是一个国家如何从传统形态向现代形态过渡，中间环节和内在动力究竟是什么，韦伯并没有加以深究。同样的问题也存在于帕森斯（Talcott Parsons）的结构功能主义理论中。帕森斯同样醉心于对不同社会类型的比较和理论建构，提出了若干组传统与现代社会相互对立的模式变项（pattern variables），例如普遍主义与特殊主义的价值观、弥散型与专业型的权威、出生决定论与业绩决定论等。至于一个社会如何从各种传统取向的变项向现代取向的变项转换,帕森斯同样语焉不详。兴起于20世纪五六十年代的现代化理论,试图在传统与现代之间搭建一座桥梁,把从传统到现代的转变过程,也就是所谓的"现代化",划分为若干阶段。人们耳熟能详的有罗斯托(W. Rostow)的经济成长阶段论,认为一个国家的经济成长可以分为诸如起飞、成熟到走向大众消费这些不同的阶段。历史学界也有人呼应现代化理论,把历史上各国的现代化过程划分为现代化领导的巩固、经济变革、社会整合等阶段,现代化因此被简约为一个按照不同阶段向前推进的线性过程。人们对各国近现代历史的理解,只要根据这样的公式按图索骥,找到若干具体的事实证据,分不同阶段加以填充即可,而各国现代转型中出现的挫折、倒退现象,各国转型路径的千差万别和自身特点,都被有意无意地加以淡化或者忽略。缺少历史分析的深度和对各国历史演化自身动力及不同途径的把握,应该说是结构功能主义理论方法的最根本弱项。

另一个流派,即比较历史的研究方法,正好相反。它拒绝一切预设的理论类型、模式变项或演进图式,而是从各国内部的史实出发,研判国与国之间在现代国家转型道路上的差异。这方面率先起示范作用的,当属摩尔的《民主和专制的社会起源》。在这部书里,摩尔关注的是一个国家的经济社会与政治变革如何相互影响、制约国家的转型路径。英国和法国之所以最终走向西方民主体制,在他看来,是因为这些国家都经历了一场资产阶级革命,促进了农业的商品化,从而将地主和农民吸纳到现代的经济政治活动当中。德国和日本之所以走上法西斯道路,则是因为这些国家政治上的保守传统导致资产阶级革命流产或者从未真正发生,结果形成了土地贵族与弱小的资产阶级之间的联盟,从而为法西斯主义的崛起铺平了道路。中俄两国工商业发展落后,城市中产阶级弱小,而庞大的农民群体则成为国家榨取的对象和牺牲品,结果为共产党革命的成功创造了条件。所以摩尔的分析方法是典型的马克思主义的,着眼于阶级关系,关注经济基础与上层建筑之间的相互影响;缺点是只看到国内,忽视了国际大环境,也忽视了国家政权本身的自主性。这些缺陷要等到他的学生斯考切波(Theda Skocpol)来加以弥补。斯考切波对中国、法国和俄国革命的比较研究,在阶级关系之外把国际环境和国家自主性(state autonomy)因素也考虑进来。摩尔的另外一个学生蒂利对国家形成的比较历史分析更加透彻。如果说摩尔的关注点仅仅放在民主与专制两种对立的政治形态的起源方面,斯考切波的研究只限于社会动员和革命运动的话,那么蒂利的研究视角则更为宽广,也跟这本书的主题关系更为直接。蒂利对国家形成的研究始于其1975年所编的一本论文集,他在其中强调的是地缘政治,尤其是国与国之间的战争,在西欧国家形成中的关键作用。他在书中有一个著名的提法,"战争制造国家,国家制造战争"[①]。地缘竞争对国家建造的驱动,在他看来主要是在税收方面,即为了扩大税收、支撑战争,国家不得不把以税收为主要任务的国家机器加以扩大、整合,使之走向正规化和集中化,由此推动现代国家的形成。但这样的解释显然过于单一、肤浅,所以后来蒂利又把研究的焦点下沉到各国内部不同的经济社会结构,特别是工商业发展上面。在现代工商业发展与政权建设道路之间找到关联,由此提出关于国家建造的三条不同路径的论述,即在工商业较发达的北欧国家出现的资本密集,在工商业落后的东欧国家出现的强制密集,以及介于两者之间的西欧国家的资本化强制道路。后

[①] Charles Tilly, "Reflections on the History of European State-Making", in Charles Tilly (ed.), *The Formation of National States in Western Europe*, Princeton: Princeton University Press, 1975, p.42.

来在蒂利的影响下，更多的学者投入对国家形成问题的研究，以至于近一二十年来形成了"财政-军事国家"的研究范式，研究者的着眼点各自不同，有的着眼于18世纪英国国家政权的建设，有的强调军事革命的作用，有的偏重于中世纪晚期历史遗产对日后欧洲不同地区的影响，但这些研究都认可财政-军事因素在国家形成中所起的关键作用。

《现代中国的形成(1600—1949)》的写作同样使用比较历史的方法，是在"财政-军事国家"的视角下展开的，但也有跟以往方法不同的地方。该书的分析架构由三个维度构成，即地缘格局、财政构造和政治认同。前两者跟以往的比较历史方法大致相同，不同的地方在于增加了第三个维度，即政治认同，也可以理解为广义上的意识形态，这是摩尔、斯考切波和蒂利的书中所没有的，但是对于我们认识清朝以来的国家转型却十分重要。地缘政治所涵盖的是国际环境，也就是外因。地缘政治关系的变化，尤其是严重的外来危机，决定了国家的大政方针和战略目标，也构成了国家形成和转型的契机。而这些战略目标和大政方针在多大程度上能够得以落实，终究还要看内因，尤其是国家政权所能掌控的财政军事实力，其中又特别是其财政能力。而财政能力的强弱，取决于本国的经济和社会所能提供的、可以被国家汲取的资源规模。政治认同的重要性，在于它决定了资源的动员和使用的有效程度。如果卷入国家建造活动的各方对国家的战略目标和政策支持、认可程度较高，资源便可被有效地动员和使用，反之则会阻碍目标的实现。所以地缘、财政、认同三者缺一不可，彼此密切相关。《现代中国的形成(1600—1949)》对清朝前期及晚期、北洋政府时期、国民党统治时期和共产党革命的重新分析，也始终围绕着地缘、财政和认同这三个要素。

三、《现代中国的形成（1600—1949）》一书的关键议题

《现代中国的形成（1600—1949）》的写作正是在上述学术史背景下进行的。我的一个基本思路是，要超越以往的革命史和现代化史叙事，从更宽广和更深远的历史视角考察现代中国的形成问题。要把中国作为一个现代国家的形成过程讲清楚，就不能仅仅限于政权这一个侧面，而必须照顾到构成一个现代国家的所有关键要素，即政权、主权、疆域和族群构成。这本书的一个基本观点是，现代中国的形成经历了三个关键环节。第一个环节，是中国从清代以前的以汉族为主体、以明朝两京十三省（亦即十五省）为基础的传统华夏王朝（亦即"原初中国"），向清朝的"早期近代疆域国家"的转型，它在18世纪中叶基本完成。之所以谓之"疆域国家"（territorial state），是因为它有着固定的疆域，涵盖内地十八省和各陆地边疆（东北、蒙古、新疆、西藏）。此后直至1911年清朝覆亡，除了19世纪后半期部分边疆被列强非法侵占或吞并之外，此一疆域格局大体保持稳定。这在世界历史上是独一无二的，不同于欧亚大陆上的那些军事帝国缺乏固定疆域和边界，并且在衰落过程中四分五裂。清朝不仅是一个不同于军事帝国的疆域国家，还是一个"早期近代"（early modern）的疆域国家，因为它具有中央集权的行政体制，一个正规、有效的税收机器，一支高度建制化的常备军。所有这些特征在欧洲中世纪各国都是例外，而非常规，它只有到16世纪进入早期近代以后才慢慢具备。18世纪中叶的清朝与同时代的欧洲国家最大的差别，是它不存在欧洲国家已经视为当然的"现代主权"概念，即在国际法框架下各国相互尊重、一律平等、互不干涉内政等处理国际关系的基本原则。但除此之外，18世纪中叶的清朝可以说是在所有前近代国家中最接近现代主权国家的政治体。

因此，中国在19世纪后半期和20世纪早期所经历的，并非海内外不少学者所认为的"从帝国到民族国家"的过渡过程，而是这本书所要探索的第二个环节，即中国从一个早期近代疆域国家向现代主权国家的转型过程。这一转型过程的最大特点，并不是被人们视为当然的一个断裂过程（帝国的衰落和分崩离析，以及诸多民族国家在帝国废墟上的崛起），而是从早期近代疆域国家向近代主权国家过渡的连续性。这种连续性之所以成为可能，有两个方面的历史原因。一个原因是清朝重视边疆对内地的安全屏障作用，采取了行之有效的边疆治理政策，而不是把边疆作为榨取财源的对象，这是清朝不同于欧亚大陆历史上那些军事帝国的根本原因所在，清朝对边疆采取的是零汲取和财政倒贴的政策（内地各省才是其全部财源之所在）。朝廷对边疆的治理，重在笼络其上层精英，辅之以分而治之的策略，从而确保各个边疆自始至终对中央的认同和顺从，从未出现边疆分裂危机，这是清朝不同于任何一个军事帝国的关键所在。另一个原因是清朝时期中国经济的庞大体量和中央对各省的有效控制，使朝廷可以在无须让国家机器进一步扩展和渗透，同时也无须提高直接税（田赋）的条件下，仅仅通过提高间接税（各种商业税）即可产生足够的额外财源，以应付19世纪的外来危机。其过程可以用"地方化集中主义"（localized centralism）这一术语加以概括，即中央始终保持了对地方督抚的控制权和对地方正式上报中央的各项资源的调控能力，集中主义依然是中央与地方之间权力关系的核心。这是晚清中国在内忧外患的重重危机中得以幸存，并且能够保持其疆域格局大体完整的原因所在。但其代价是权力的地方化，即封疆大吏越来越多地掌控地方上非正式的财政、军事和行政资源，由此提高了对中央讨价还价的能力。他们对朝廷的忠诚，也从过去的无条件变成有条件；一旦局势失控，自身利益受到严重侵害，这些地方精英就会背叛中央,导致清朝覆灭。

因此到了20世纪前半期,国家转型的第三个环节,便是如何将一个在财政、军事、政治上四分五裂的中国,打造为一个高度统一集中的现代国家,这一转型本身又分为三个步骤。第一步是北洋政府时期那些最具野心和竞争实力的地方势力,在其所掌控的区域内,实现行政、财政、军事资源的高度集中统一;在此基础上进一步对外竞争,追求统一全国。这方面,20世纪20年代的奉系军阀和广东国民党政权做得最为出色,最终胜出的是在"集中化地方主义"(centralized localism)方面做得最好的广东(所谓"集中化地方主义",即地方已经不再听命于中央,中央与地方的关系本质上是地方主义的,这是不同于晚清的地方;为了加强对外竞争能力,那些最具潜力的地方势力都在其内部从事集中化的政权建设)。第二步是1927年以后国民党政权朝向统一集中所做的努力,有成有败,只能算做到了"半集中主义"(semi-centralism)。往好的方面说,蒋介石所领导的国民党政权得以在全面抗战中幸存下来,并最终以胜者的姿态完成了国家建造的关键一步,即国家主权的恢复和确认。但蒋介石始终没有解决政权的统一集中问题,无力控制地方实力派,竞争力被严重削弱,最终在解放战争中溃败。第三步则是共产党革命在20世纪40年代所取得的突破,先有延安时期通过"整风"在政治上所取得的高度统一,在解放东北之后,财政军事能力大幅提升,并且形成高度整合的机制。两者结合,可用"全面集中主义"(total centralism)加以形容,这使共产党的建国努力区别于国民党政权,并使解放战争取得胜利。一个高度统一集中的现代中国的建造,因此取得了突破性的进展。

因此,如果我们从国家形成的历史谱系加以分析,可以发现,1949年以后的中国作为一个现代国家,实际上是由四个层次构成的。在最外层,它是一个共产党领导的社会主义国家,这是共产党建国努力的直接结果。第二个层次,它是一个现代主权国家,这是19世纪后期以来从疆域国家向现代主权国家逐步转型的结果,到1945年二战结束时已基本完成。第三个层次,它是一个统一的多民族国家,就其族群和疆域构成而言,到18世纪50年代已经基本定型。第四个层次,它的最底层,则是清朝以前经过数千年演进所形成的一个以华夏民族为主体的"原初中国"(proto-China)。现代中国的形成过程,因此是一个从这一谱系的底层逐层向上发展、不断增添新的层次和含义的过程,其最大的特点,是这一形成过程的渐进性和连续性,而不是所谓"帝国与民族国家之间的断裂"。

第二章
何来国家能力?

时　　间:2022 年 5 月 8 日
地　　点:线　上
主 持 人:张长东(北京大学长聘副教授)
与谈嘉宾:杨雪冬(清华大学教授)
　　　　　黄冬娅(中山大学教授)
　　　　　耿　曙(浙江大学教授)
　　　　　张　静(北京大学教授)
阅读文本:乔尔·米格代尔,《强社会与弱国家:第三世界的国家社会关系及国家能力》,张长东等译,江苏人民出版社 2022 年版
文本作者:乔尔·米格代尔(华盛顿大学讲座教授)

主持人语

张长东

2022年5月8日,举办了由云南大学民族与边疆学部主办的"我们一起阅·探"系列学术活动,本期探讨的主题是"何来国家能力?"。此次活动的文本引子是《强社会与弱国家:第三世界的国家社会关系及国家能力》(下文简称《强社会与弱国家》)一书。

参与对话的嘉宾包括清华大学杨雪冬教授、中山大学黄冬娅教授、浙江大学耿曙教授、北京大学张静教授,以及文本作者华盛顿大学米格代尔(Joel S. Migdal)教授。

对话开始时,杨雪冬教授以"戴面具的国家"为题发表演讲。如今,国家已成为我们无法摆脱的政治实体。正如书中所述,国家已经成为一种自然存在,人们无法想象没有国家的世界。作为公共利益的代表,国家以各种形式(面具)出现在不同场景中。从某种意义上说,面具越多,国家能力越强。1648年,威斯特伐利亚体系(Westphalian System)确立了主权原则,并被国际社会普遍接受,这为国家存在提供了理论支持。一般而言,强国家是国内社会和国际体系所期待的——只有国家强大,才能更好地维护国际秩序并维持国际体系的存在。同时,即使是无法有效履行职能的弱国家,也会继续存在,因为国家的存在在本质上是合理的。我们还会发现,国家的形式是多种多样的,例如主权国家、民族国家、民主国家、集权国家、威权国家、责任国家、行政国家、自由放任国家、福利国家、全面发展型国家、全能国家等,可以说国家戴着各种各样的面具。多重面具的出现是由多种力量导致的,其中一些是国家自身固有的,更多的是由国家与社会的互动关系构建而成的。我们还应关注国家的学习能力。回顾过去100年现代国家的发展,我们可以看到,在这一过程中发展中国家首先向发达国家学习,这种学习是单向的。在全球化时代,国家之间的相互学习越来越多,任何一个国家的行为和制度都是多元复合的,现代国家的治理模式也趋于相似。因此,政治学在研究国家时必须具备国际视野。

紧接着,黄冬娅教授以"强大国家的经济与社会根源"为题发表演讲。黄教授先分享了自己阅读米格代尔《强社会与弱国家》一书时得到的两点启示。第一点是,米格代尔强调了社会对国家的影响。与政治发展理论(theory of political development)强调国家自上而下的设计能力不同,米格代尔重新将社会纳入变量体系,将国家行动者和社会行动者区分开来,强调社会控制(social control)的问题。需要注意的是,这里的社会并非指自发的、经济发展或公民文化的层面,也不是公民社会,而是一个与国家争夺社会控制能力,或为社会定义规则的社会维度。将社会维度纳入研究可以更好地理解国家何以可能。第二点是,在研究资本主义的经济性时,米格代尔探讨了资本主义扩张的经济现象。他认为亚非拉第三世界国家政治秩序的瓦解不仅受到政治霸权和殖民政策的影响,社会在其中也扮演了非常重要的角色。在整个欧洲资本主义体系扩散的过程中,政治霸权和殖民政策在亚非拉第三世界国家中的运用瓦解了当地原有的社会制度,也导致了欧洲社会的解体和重组。不同国家采取了不同类型的政治霸权和殖民政策,处理社会经济问题的策略方式和依赖力量也各异,从而产生了各种形式的国家政治权力。有些国家成为强国家(strong state),有些国家则无法进入

"国家"状态。

随后,黄教授将讨论焦点转移到中国的问题上,探讨为何1949年的中国没有产生强社会(strong society)这一问题。从国家角度来看,一种观点认为中国共产党本身就是一种强国家力量;而另一种观点认为中国共产党通过强有力的自上而下的政治动员,塑造了一个强大的国家力量。从经济角度来看,国有企业(SOE)通过税收使国家权力向下渗透,并通过与农村合作建立了单位体系,实现了经济国有化,摆脱了民国时期的政权内卷,形成了经济主导权。因此,中国建立了一个全能主义国家,形成了一套与资本主义体系不同的经济体系。当前,中国经济重新融入全球资本主义体系,将面临一些新的力量和挑战。与从殖民地转变而来的第三世界国家不同,也不同于从绝对主义国家转变而来的欧洲国家,中国经历了与众不同的历史变革,因此我们需要进一步思考中国道路的独特性和所面临的挑战的差异性。

随后,耿曙教授以"'国家能力作为解释'的反思"为题发表演讲。他通过回忆30年前在得克萨斯州立大学比较政治学课堂上阅读此书的经历,介绍了他对国家社会关系产生浓厚兴趣的背景,并提到他在2000年左右读到张静教授的《国家与社会》时产生的困惑。他指出,在比较政治学领域,尤其是在发展中国家研究领域,常用的社会分析框架遭到了美国政治学者的反对和质疑。

耿曙教授针对如何改进提出自己的想法。他从国家研究的两个解释方式——国家作为原因和国家作为结果——来说明为什么需要对国家能力(state capacity)进行解释。首先,他以国家作为原因展开讨论,并举例说明传统研究方法对国家能力解释的局限性。例如,对于"中国历代均为其主流意识形态所支配"的论述存在循环论证的误区。耿曙教授对此现象进行了解释,他认为国家能力本身不易界定,这导致学者在判断时以结果为依据,进而陷入循环论证。因此,耿曙教授提出要解释国家能力不能仅仅通过观察国家本身,而应从国家所影响的社会对象出发。循环论证的传统研究仅限于描述情况和提出假设,而我们更需要超越问题本身。其次,耿曙教授提出了两个改进方向:重新界定对国家能力的考察,改进比较案例的研究策略。他以案例的样本问题为例进行了具体讨论,并提出了研究中的三级样本、幸存者偏差等问题。

在对话尾声,张静教授以"究竟什么影响国家推进政策的能力?"为题发表讲话。她从国家组织的历史特征角度,探讨限制国家政策推行能力的因素。首先,她讨论了政策推行的制度环境。政策制度环境的相容性与国家推行政策的能力密切相关。以惠农贷款政策为例,虽然各方(决策者、执行者、需求者)都不反对农贷,但由于他们对制度环境的挑剔行为,农贷成本上升,导致国家惠农政策难以发挥作用。这说明政策推行困难并非由于控制权的对抗,而是由于国家自身的制度与政策不兼容。其次,她讨论了行政体内部的责任分包特征。中国的行政机构并非一个统一的科层组织系统,而是一个多角色利益分殊的"市场"交换系统。因此,需要不断成立工作组来协调和指挥政策执行。在这样的行政体系中,具有明显的责任分包和因地制宜特征,通过在政府内部嵌入相对分权和分包的体系,使用类似市场交换的规则来推进政策执行。表面上是执行命令,但实际上责任被分包,因地制宜的变化也就此成为一种惯例,这种特征可以解释基层活力和地区发展的差异。最后,她讨论了工作机构作为利益组织单位的作用。大规模社会重组带来了社会利益的组织化单位的剧烈变化。社会利益的组织化单位主要是体制内的工作组织,而非阶级或其他社会组织,它是国家组织体系的一部分,类似于国家设在基层的治理代理。因此,这些组织在实现国家政策目标、完成国家政策任务等方面发挥着非常重要的政治与社会职能。从职能而言,我们必须区分体制内组织和体制外组织,在这两类组织中,个人和组织的关系不同,组织与国家体系的连接渠道和制度不同,两者连接并使用国家公共资源的优势不同。因此,两者对社会利益组织化的效能差别很大。

以上三个方面的回答都来自国家行政体系的内部历史和制度传统,而不是其他独立的社会体或控制性竞争与对抗的结果。这种梳理有助于我们理解中国政策推行实践的独特特征,以及这种独特的政策推行能力得以与整个国家体制并行,且能够形成互为依存的支持性关系的原因。

嘉宾发言结束后,米格代尔教授分别对杨雪冬教授、耿曙教授以及张静教授所提的问题进行了回应。首先,他认为杨雪冬教授的"戴面具的国家"理论是从国家而非社会角度出发提出来的,国家有意识地根据其需要佩戴不同的面具,国家在民众眼中的形象就是其佩戴不同面具时的总体形象。无论我们在"戴面具的国家"前面加上什么形容词,其功能的发挥都需要面具背后多元行动者的协作配合。"戴面具的国家"和其本人在《强社会与弱国家》一书中国家的形象与实践有着异曲同工之妙,但在某种程度上又有所超越。其次,他指出耿曙教授提出的研究国家能力特别容易落入循环论证陷阱的观点非常重要,用国家权力代替国家能力或许是可能的替代性理论,这需要在国家与社会之间划出一条明确的界限。我们需要关注的并不是国家如何改造和影响社会,而是要从国家和社会互动的角度来看国家与社会的关系问题。最后,他回答了张静教授所提出的在中国这一弱社会-强国家情境中,为何也存在政策不能得到很好执行的困境这一问题。米格代尔认为这种困境存在的主要原因有两点:一是国家的规模太大,内部系统过于复杂,不同部门之间难以形成内聚力或聚合力,从而导致政策执行能力弱化;二是不同群体是否追求共同利益也会在很大程度上影响政策执行效果。

戴面具的国家

杨雪冬

米格代尔教授的这本著作确实非常有影响力。我20年前读过，现在重读时仍然觉得很有启发。他与其他学者的不同之处在于其强大的理论建构性，没有过多使用定量方法，这使得他的书阅读起来非常舒适，他的很多观点对我们理解当下中国也有很大帮助。

在这次活动中，我将以"戴面具的国家"为题，探讨作为一个不可摆脱的政治实体的国家。米格代尔曾指出，国家已经成为一种自然化的存在，仿佛是先天性的东西，我将从以下几个角度进行分析。首先，我将探讨国家作为一个戴着多重面具的政治实体的原因，这与国家作为公共利益的代表角色有很大的关系。在这里，我可能会运用马克思的观点。其次，我会着重讨论现今的国家形势，它已经自然化并普遍存在于现代国家中。在这个普遍化的过程中，有很多力量在起作用，其中我们往往较少关注的是国际社会在现代国家形势普遍化中的作用，而米格代尔的著作也体现了这种思想。接着，我将进行一些简单的讨论，如果国家作为一个普遍的形式，又是公共利益的代表，那么它会以各种各样的形式或面具出现在不同的场景中。这些面具的多少在某种程度上反映了国家的能力，我也会简要阐述这些面具的来源。最后，我认为米格代尔的研究对于我们当下的学者，特别是中国的政治学者，非常具有启发性，我期待与大家分享这些观点。这个话题将涉及政治学、国际关系等多个学科领域,相信在活动中我们会展开深入的讨论,共同探究国家这个复杂而多面的政治实体,希望大家都能从中获得新的认识和思考。

一、作为公共利益代表的国家

在当今对国家的理解中,韦伯的观点通常被广泛引用。他认为国家是一种合法的暴力垄断主体,这成为国家的核心特征。然而,我们不应忽视马克思的观点,他提供了一种批判性的视角,这一视角对于我们理解国家也非常重要。马克思认为国家实际上是一种公共权力的代表,但这种代表却是虚假的,它是一种假扮的公共权力代表。这样的观点揭示了社会实际上是一个虚幻的共同体,国家作为公共权力代表的角色并不真实,而是经过巧妙建构的。国家为了维持其作为公共权力代表的角色,必然会发展出多种功能。马克思认为,国家有不同的职能。除了代表特定阶级的职能外,国家还担负着社会职能和经济职能。随着国家的发展,社会和经济也会相应地发展,这有利于更好地调节阶级之间的关系,也有助于国家作为公共利益的代表身份的确立。这样的认识,对于我们理解国家的能力、控制力和渗透力非常重要,国家通过发展多种职能来存在。国家不仅代表特定阶级,还在社会和经济领域发挥着调节作用,这种综合职能使得国家在实现自身目标和存在的过程中更加有效。

二、国际体系与现代国家形式的普遍化

在国际体系与现代国家形式普遍化的过程中,我们可以观察到国际体系的发展对国家的形成和维持产生了重要影响。自17世纪帝国解体以来,国家逐渐发展成为独立的民族国家,并且现代国家形势越来

越普遍化。这一过程既受到国家自主选择因素的影响,也受到国际体系的影响。国际体系的发展过程中有两个关键环节至关重要。第一个是威斯特伐利亚体系的出现,这一体系确立了主权原则和领土主权的概念,成为处理各国关系的基本原则,主权原则实际上也成了维护国家存在的一种国际力量。米格代尔在他的著作中专门讨论了为什么许多国家尽管可能没有实际功能,但并未消亡。他认为其中一个重要原因是,国际环境不断地为这些国家提供支持,而这种支持源自威斯特伐利亚体系的确立。威斯特伐利亚体系的出现为国家的独立和存在提供了基本规则和框架,使得各个国家能够在国际舞台上以平等的身份交往。国家之间的相互认可和尊重主权原则,对国际体系的稳定与和谐起到了重要作用。这也促使国家为了维护自身权益和地位,发展出各种各样的功能和职能,以适应国际体系的变化和挑战。

因此,国家的形成和发展不仅是内部因素的结果,也受到国际体系的塑造和影响。国际体系的稳定与和谐为国家提供了相对稳定的外部环境,使得它们能够在全球舞台上扮演不同角色,保持独立性和持续存在。同时,国家在国际体系中的地位和影响力也在不断变化,这种动态的互动促进了国际体系和国家形式的共同演进。

在一战和二战之后,许多殖民地国家成功实现了独立,成为新兴的民族国家。这些国家经历了长达几十年甚至上百年的发展,却基本上没有消亡,而是在国际舞台上继续存在,并得到了国际社会的支持。国际社会的存在和支持,对于新兴民族国家的稳定和发展起到了至关重要的作用;国际社会的认可和尊重主权原则,为这些国家的独立和自主权利提供了法律保障。

同时,强大的国家不仅是国内社会所期待的,也是国际体系所期待的。强大的国家能够维护国家间的一些基本秩序,稳定和谐的国际体系也需要强大的国家来支撑和维持。在国际体系中,国家之间的平衡和相互作用是维持整个国际秩序的重要因素之一。这样的国际秩序和国家的自然化现象,确实使得人们对国家的存在产生了一种习以为常的感觉,就像周围的景观一样,人们难以想象没有国家会怎样。国家已经成为人们生活中的一个固定元素,而国际社会的存在和支持则是确保这种国家形式持续存在的重要保障。因此,国际体系和国家形式的相互作用成为维持现代世界秩序的一个重要机制。如果大家阅读了这本书,可以发现其中一段话写得非常好:如果这个国家是自然化的,所谓"自然化"是什么?人们认为国家是一个自然的存在,就像你周围的景观一样,人们不能想象如果没有国家会发生什么。

当国家成为一种广泛传播的观念并在国际社会中普遍存在时,它可能会成为一种强大的制约因素,限制许多国家解体的可能性。即使是一些被称为"失败国家"或"弱国家"的国家,它们作为实体仍然存在。这种存在的稳定性,可能源于国际社会对国家主权的尊重和维护。国际体系中的国际关系受到国际法和国际组织的规范和制约,国家主权原则得到广泛认可。因此,即使在一些国家内部存在政治、经济或社会问题,它们的国家形式仍然得到了国际社会的认可和尊重。国际社会通常不会干预其他国家的内部事务,而是会尊重其主权,并通过合作和对话解决共同关心的问题,这种观点对我们思考国家问题确实提供了重要的启示。我们需要从国际角度去看待国家的存在和运行,考虑国际体系和国际关系对国家形态的影响和制约。同时,也要意识到国家并非孤立存在的,而是处于国际社会中,其存在和稳定性受到国际因素的影响。

在理解国家问题时,我们需要综合考虑国内因素和国际因素,以及它们之间的相互作用。这样的综合视角能够更好地帮助我们理解各国的情况,并找到解决问题的有效途径。

三、国家多重面具的来源

我们回顾一下马克思主义经典作家,例如列宁的思想,他认为民族国家(现代国家)是一种典型的正常国家形式,这种政治形式满足了资产阶级发展经济的需要。特别是在资本主义时期,资产阶级需要在国内市场统一使用相同语言的人,以便更好地推动经济发展。为此,他们需要一个强大的政治机器来实现这一目标,于是民族国家应运而生。因此,建立能够满足现代资本主义需求的民族国家,成为各个民族的趋势。从整个欧洲,甚至整个文明世界来看,民族国家都是资本主义时期典型的正常国家形式。

对于国家的理解可以从多个维度进行划分:从国家的制度形式来看,可以将国家分为民主国家、集权国家、威权国家等,这取决于国家的政治体制和权力分配;从国家的功能和角色出发,可以划分为责任国家、行政国家、自由放任国家、发展型国家等,这反映了国家在社会中扮演的不同角色和职能;从批判的角度来看,国家可以被视为监控国家、归属国家等,这意味着国家可能对公民有一定的监管和控制权,或者强调国家与公民之间的认同关系。在现实中,国家的角色和功能往往是复杂多样的。一个国家可能在不同的历史阶段或特定的社会背景下扮演不同的角色,具备不同的功能。而且,国家在国际舞台上也会表现出不同的形象和面貌,这取决于其与其他国家的关系和国际合作。可以说国家是一个戴着各种各样面具的政治存在。

国家的多重面具来源复杂,既有国家本身的内在需要和自我构建,也受到外部力量的影响和赋予。国家与社会之间的互动关系非常重要,它们相互赋权、相互转化,这样的互动方式影响着国家形态的多样性。国家的多重面具可以是内部因素推动的,比如国家为了满足不同社会群体的需求和利益,可能会在不同场合展现出不同的形象,以维持稳定和统治的合法性;同时,国家还会根据国内外的环境变化调整其形象和功能,以适应时代的发展和挑战。国家的多重面具也受到外部因素的影响,知识界、国际社会、国际政治等都可能对国家形象和角色产生影响。国家在国际舞台上可能会塑造自己为发展中国家、发达国家等形象,以争取国际合作和资源。因此,国家的多重面具是动态变化的,它们既是国家内部需要和自我构建的结果,也是外部环境和力量影响的产物。深入了解这些多重面具的来源和作用,有助于我们更好地理解国家的行为和发展,并为国家的政策制定和国际合作提供更全面的视角。

四、学习与国家能力的共同提升

国家是由外部力量和社会因素塑造的,它们在不断的互动和适应中形成了多重面具,这些面具反映了国家在不同历史时期和不同环境下的角色和职能。面具越多,意味着国家需要应对的挑战和任务越多,因此它的能力通常会更强大。国家的能力来源可以从各个角度进行研究,例如:国家的经济能力来自有效的经济政策、产业发展、科技创新和人才培养;国家的社会能力源于社会治理体系、社会福利政策、文化传承和社会稳定;国家的国际能力涉及外交政策、国际合作、软实力和国际影响力。这些都是国家学习和发展的重要方面,国家的学习能力是国家持续发展的关键。当国家能够主动学习和吸收新知识、新技术、新经验时,它可以更好地适应变化的环境和挑战。学习使得国家能够紧跟时代潮流,推动改革创新,不断优化自身的制度和政策,以适应社会的需求和发展。国家自我学习的能力取决于多方面因素,包括国家的教育体系、科研机构、政策制定和决策层智慧等。同时，国家之间的交流和合作也是促进国家学习的重要途径。国家可以通过学习其他国家的经验和教训，借鉴其成功实践，以更好地提升自身的发展水平。

在过去的 100 年中，现代国家的发展经历了从向发达国家学习到国家之间相互学习的转变。最初，发展中国家往往借鉴发达国家的经验和模式，因为发达国家代表了一种成功的现代化路径，是一种值得追求的目标。这种学习通常是单向的，发展中国家试图复制发达国家的制度和发展模式。然而，随着全球化的深入和信息技术的发展，国家之间的相互联系和交流变得更加频繁和便捷。现代国家意识到，没有一个国家可以在孤立中实现全面的发展和进步。因此，国家开始借鉴彼此的成功经验和最佳实践，相互学习并一起探讨解决共同问题的方法。这种相互学习使得国家之间在治理社会、治理经济等方面有越来越多的相通之处。

在全球化的共同平台上观察现代国家的治理实践，我们会发现许多国家在面对类似的挑战时采取了类似的策略和方法。例如，对于环境保护、社会福利、科技创新等全球性议题，许多国家都采取了类似的政策措施和合作机制。这种趋势使得现代国家的治理术日益相互融合，形成了一种共通性。福柯的观点在这一背景下也得到了体现，他强调权力和知识的交织，揭示了国家治理的复杂性和多样性。在全球化的背景下，国家在面对日益复杂的社会和经济问题时，借鉴和应用了各种不同的治理策略和手段。这使得西方国家和东方国家在治理实践中有相通的地方，都在探索适合自身国情的发展路径。

米格代尔的研究聚焦于国家权力和人口的关系，这是政治学领域一个非常重要的议题。他的著作通过对不同国家的研究，揭示了国家在处理权力与人口关系时的多样性和复杂性，从而使我们更好地理解国家的本质和功能。米格代尔的老师亨廷顿（Huntington）是著名的政治学家，他的研究也对政治学领域产生了重要影响。不同的学者有不同的学术背景和观点，这也影响到他们研究中所强调的重点和研究方法。亨廷顿可能更关注发展中国家的研究，米格代尔则着重于对国家权力和社会关系的探讨。

此外，米格代尔在其理论发展过程中试图破除国家与社会之间二元分割的观点，将其看作是相互融合、相互影响的。这种观点有助于我们更好地理解国家与社会的复杂关系，认识到它们不是孤立的实体，而是相互联系、相互作用的；有助于我们更全面地把握国家的本质和功能，理解国家如何在社会中发挥作用，以及如何应对各种挑战和变革。

最后，我想要阐述的是：将国家放置在国际视野中观察，有助于我们更全面地理解国家作为政治实体的运作逻辑。国家与国家之间的相通之处，以及在国际体系中的相互影响，都是值得深入研究的重要议题。在当今全球化的时代，国家之间的联系和相互作用日益加深，国际关系对于国家的政治运行产生了愈发深远的影响。因此，将国家置于国际视野中研究，可以更好地理解国家的角色、职能和挑战，也有助于我们更准确地把握国家在全球政治中的地位和作用。中国的政治学研究者可以从国际视野出发，与国际学者进行学术交流和合作，开展跨国研究，深入探讨国家在全球政治中的地位和角色。这样的研究有助于扩展中国政治学研究的深度和广度，促进学科的发展与进步。

强大国家的经济与社会根源

黄冬娅

中国的崛起举世瞩目,其在短短的几十年间既实现了经济发展的巨大成就,也实现了与西方不同的政治秩序的稳定和巩固。这种经济发展的成就或许归功于改革原有的计划经济和开放非公经济部门,归功于经济开放的全球化红利;同时,在巨大的经济转型所引发的社会多元化和社会冲突之中保持政治秩序的稳定,这或许归功于中国社会传统的合法性认同,归功于民众的政治态度和政治价值。但是,不可否认的是,在中国经验之中,这种跨越性的经济发展和稳定的政治秩序,存在关键的政治根源,即一个强大的国家,并且是一个强大的使命型政党造就的强大现代国家。

强大的现代国家并非天然的产物。相反,即便在欧洲,许多政权也难以撑过现代国家建立的历史转折而湮灭于历史中。那些最终诞生的绝对主义国家(absolutist state),经历了对外战争和对内征服的历练才得以存活下来。美国被认为是最接近于无国家状态(stateless)的国度,其最初的建国最接近于社会契约论的人类设计,制度的安排以限制国家权力为目标。然而,在经历进步时代的洗礼之后,美国也才能够在混乱的内部政治经济状态中打造出来一个行政国家,为强大的国家奠定基础。第三世界的现代国家建设则需要面对更大的挑战:既有社会参与爆炸带来的政治秩序混乱,也有政治制度化程度低带来的政治秩序腐朽,还有后殖民(postcolonialism)统治带来的强人政治与政党力量虚弱,以及被卷入西方市场体系之中带来的社会经济发展挑战,等等。因此,中国强大的国家得以建立,在相当大的程度上是一个需要被解释的重大问题。

正是在这个意义上,米格代尔的《强社会与弱国家》一书对第三世界强国家构建面临的困境及其根源进行了探讨,对于我们理解中国何以得以建立一个强国家具有重要的启示。

一、强调社会对于国家建构的影响

米格代尔可以说是重新将社会纳入国家政权建设的研究中,考察与国家争夺社会控制权力的社会对于国家政权建设的影响。其中,所谓"社会控制"是一种为社会制定规则的权力。米格代尔的观点与政治发展理论和国家中心理论构成了鲜明的对比。

二战之后,政治科学作为独立的社会科学门类出现,最初诞生的理论体系就是政治发展理论。政治发展理论探讨的问题是政治系统如何实现政治发展,即如何实现以西方政治系统为标杆的现代化(modernization),包括政治系统的制度化、理性化、功能分化和民主化等。以伊斯顿(David Easton)、阿尔蒙德(Gabriel A. Almond)和李普塞特(Seymour Martin Lipset)等学者为代表,政治发展理论认为,政治系统处于社会系统之中,政治系统应该并且能够与其身处的社会系统保持动态的平衡。这看上去似乎非常抽象的理论判断在现实中有着非常重大的意义。这意味着,政治系统能否实现现代化,关键取决于其所处的社会系统(social system)。其中,社会系统中的经济子系统和社会文化子系统是影响政治发展最关键的因素。由此,经济现代化和公民文化(citizenship culture)成长被认为是推动政治发展最重要的因素。因此,政治科学最初诞生的时候,经济发展、公民文化成长、政治社会化、利益集团利益输入等社会经济现象和行为成为最重要的研究对象,而政治系统的黑匣子则并没有成为研究的重心,因为政治系统不过是被动的、为社会经济所支配和决定的因变量。从政治发展理论的观点来看,政治发展最关键的议题是民主化。不过,政治发展理论也包含了政治系统制度化和政治系统理性化的议题。对它来说,与强大的国家能力密切相关的制度化和理性化在相当大的程度上取决于社会经济现代化。

可以看到,在政治发展理论中,社会的确对于强大的国家有重要的影响;但是,它与米格代尔的观点有显著差别。首先,社会的影响是作为"社会系统"的影响,而非作为社会行动者的影响,社会系统构成了政治系统的环境。其次,社会系统要求政治系统与其保持同步发展的平衡状态,两者之间不存在冲突和张力,也不存在争夺社会控制权力的问题。再次,社会系统对于政治系统的影响具有决定性作用,政治现象化约为社会经济发展的产物,它忽视了政治系统可能的自主性,也忽视了政治精英和政治制度对于政治发展的影响。最后,它对政治生活的理解以西方国家为标杆,核心关注的是如何推动新兴国家建立西方政治秩序的问题,焦点是政治民主化问题,认为二战后的新兴国家面对的最重大问题是如何移植西方民主制度并推动民主巩固,它关心的核心议题并不是强国家,它也不关心非西方国家政治发展的独特性这一议题。

可以说,亨廷顿是最初与政治发展理论分道扬镳的研究者。他关心新兴国家的政治秩序崩溃问题,并且鲜明地提出,制度化水平高的国家与制度化水平低的国家的差异要大于民主国家与非民主国家的差异。在他看来,美国和苏联的差异并不大,因为它们都属于政治制度化水平高的国家。此后,萨托利(Giovanni Sartori)和本迪克斯(Reinhard

Bendix)等提倡的政治社会学研究,进一步将研究焦点从所谓的"社会前提"转向政治本身。萨托利对"政治社会学"(political sociology)和"政治的社会学"(sociology of politics)进行了区分,前者是指试图融合"社会"和"政治"两个解释变量的交叉学科,后者是对政治的一种社会学化约。"政治社会学"的研究始祖可以追溯到马克思、托克维尔、韦伯、涂尔干,他们将政治作为独立于社会的实体,关注的是社会因素如何转化(translated)为政治因素,比如社会冲突和分歧如何转化到政党政治之中。相反,"政治的社会学"往往认为,政治系统完全是社会输入或者社会变化的反映,而对社会没有独立的影响力和自主性。在一些研究者看来,系统功能分析正是一种"政治的社会学"。它不将国家作为社会具体的组成部分,而是作为虚幻的组成部分,由此陷入"政治的社会学"化约。本迪克斯则提出,应该收缩"政治的"定义,将它严格限制在与作为唯一合法权威中心的"国家"相关的指代上。这样,功能系统分析中的"政治系统"和"社会系统"概念就由"国家"与"社会"这两个概念取代了。

在研究者以"国家"与"社会"概念代替"政治系统"和"社会系统"概念之后,政治发展不再是直线发展的普遍性和决定进化论的发展进程,为何一些政权存活下来并形成现代国家的问题被正式提上研究议程。在欧洲现代国家形成的研究中,推动强大的现代国家诞生的力量不再是外部的社会系统,而在于国家内部,特别是国家统治者。在蒂利等人看来,战争构成了统治者推动绝对主义国家构建的外部压力。为了在军事竞争中存活下来,统治者构建了一套行政体系,将其权力的触角向社会延伸。统治者不再依靠贵族及其家族来对臣民进行间接统治,相反,他从此可以通过一套隶属于自己的行政体系来对民众实施直接统治。在从间接统治向直接统治的转变过程中,绝对主义国家的制度不断扩散并理性化(rationalization),推动了现代国家的诞生。在这个过程中,在外部战争之外,统治者的意志和力量是现代国家建设(state building)的主要推动力。蒂利明确提出,欧洲国家形成的研究就是对政治发展理论的反对。一是反对政治发展理论的直线决定论,其认为经济发展自然就会带来政治发展。相反,欧洲国家形成的研究认为,许多政权在这个过程中陷入崩溃和瓦解,幸存下来的只是少数。二是反对社会决定论,欧洲国家形成的研究认为,社会经济发展也好,多元主义所强调的社会共识和社会支持也好,都不能解释欧洲现代国家形成和国家渗透能力的强化。相反,欧洲绝对主义国家出现的动力机制在于外部的战争压力下统治者自上而下的推动。

那么,社会又扮演了什么角色呢?在欧洲国家形成的研究中,社会经济条件构成了约束性的条件,是统治者权力向社会渗透所面临的客观限制。与政治发展理论不同,欧洲国家形成的研究认为,统治者推动了现代国家的形成,但他们并不是随心所欲地塑造现代国家,相反,他们的努力受到了客观的限制,社会经济条件构成了这种努力的成本限制。例如,在税收汲取能力建设中,社会经济条件越复杂,特别是以农业税为主时,统治者建立其税收汲取体系的成本就越高。英国以关税为主,因此更容易建立一套理性的官僚体系;而法国以农业税为主,就更容易建立一套节约成本的包税人为主体的世袭制行政体系;等等。总的来说,无论是亨廷顿强调国家制度化对转型社会政治秩序的影响,还是蒂利等考察欧洲国家统治者在战争压力下推动现代国家形成,影响现代国家建构最重要的因素仍然是在国家内部。

与这两个研究脉络不同,米格代尔强调了社会力量对现代国家建构的影响。首先,在米格代尔的分析中,作为和国家争夺社会控制的社会力量,强社会的出现显示了现代国家建构可能面对的挑战和失败,而并非政治发展理论所说的社会经济现代化会直线地导致政治现代化。也正是在这一点上,他延续了亨廷顿对第三世界政治秩序腐朽或者政治秩序崩溃问题的讨论。但是,米格代尔并不将此仅归结于国家制度化水平的问题或者政治参与爆炸的问题。其次,米格代尔所讨论的社会并不是政治发展理论所说的社会系统。政治发展理论中政治系统与社会系统的边界十分模糊,甚至整个政治系统都被包含在社会系统之中,且必须与社会系统维持平衡,政治系统的发展不过是社会系统发展的后果,由此米格代尔将政治问题化约为社会经济问题。国家中心论将这种关系反转过来,将国家重新确立为独立的自变量。米格代尔则重新思考国家与社会的边界(boundary),明确提出将边界重新带入国家与社会关系之中。他认为,边界是一种社会构建,这些边界处于流动之中。当旧有的边界、抽象的图景或者事实上的分割点被挑战的时候,总是存在不断的争夺。由此,他不仅提出了"社会中的国家"(state in society)的概念,认为国家与社会的边界并不清晰,还认为这个社会力量并不只是和国家相互赋权,而是与国家争夺社会控制权的力量。这种力量不仅包括经济发展、政治社会化和政治文化发展,而且是作为社会行动者、社会强人和旨在解决各种问题的社会规则的社会力量。最后,在米格代尔看来,当传统社会解决各种问题和冲突的规则瓦解后,各种社会力量就会寻求新的方式去解决这些问题。在这个过程中,各种社会强人出现,这些社会力量构成了与国家争夺社会控制权的力量,这是第三世界国家难以建立起强国家的重要原因。

二、强调资本主义全球扩张对国家建构的影响

米格代尔认为,欧洲市场资本主义的扩张对第三世界现代国家的建构产生了很大的影响。与政治发展理论认为市场和经济现代化的扩

散推动了第三世界国家的政治现代化不同,米格代尔揭示了资本主义经济秩序对第三世界国家的建构产生的消极影响。

米格代尔认为,资本主义的全球扩张瓦解了第三世界国家原有的社会控制模式。一方面,市场的扩散不是自发的,而是依靠政治霸权和殖民政策实现的;另一方面,以欧洲为中心的市场和资本主义的扩散并不一定导致政治现代化,反而可能使得原有的社会制度瓦解。在米格代尔看来,即使是欧洲资本主义的诞生,也伴随着旧社会控制的瓦解。欧洲自身也经历了社会制度瓦解的历程。正如马克思和波兰尼(Karl Polanyi)都指出的,在欧洲的前资本主义中,政治与经济合为一体,贵族或领主掌握的政治权力使其能享有对农民的经济剥削。资本主义的出现突破了这种对劳动力的超经济强制,劳动力成为商品,政治与经济分离。在这个过程中,原有的社会制度也逐步瓦解。马克思强调阶级社会的出现,波兰尼强调经济活动从其嵌入的社会关系中脱离出来,市场社会的出现使得市场与社会脱嵌,社会价值和秩序出现混乱和冲突。

米格代尔认为,亚洲、非洲和拉丁美洲的殖民国家经历了更大的社会制度解体,就是因为殖民政策允许或鼓励为特定的土著领导人及其组织建立社会控制的坚实基础。此外,当旧的社会制度瓦解时,并不一定会有一种自然的解决方案,也就是新的制度安排的蓝图出现。在欧洲,旧体制崩溃后,出现了几个强大的新的中央集权国家。然而,席卷亚洲、非洲和拉丁美洲的巨大变化并不一定会带来强大的中央集权国家,即使在独立后也是如此。此外,在欧洲资本主义力量造成旧的社会制度瓦解的情况下,不同的宗主国采取了不同的政治霸权类型和殖民政策,同时也采取了不同的处理社会经济问题的策略方式和依赖力量。这使得西方国家在殖民地的社会控制模式最终拥有了为民众提供生存策略的资源和权威,从而影响了哪些国家可以建立起强大的国家。

米格代尔对资本主义体系进行了强调,替代了经济现代化的概念。在政治发展理论中,对第三世界的研究主要关注第三世界国家对西方政治制度的移植及其运作。在这些研究中,经济发展被视为推动移植的西方制度在新兴国家得以巩固的重要因素。亨廷顿解释了经济发展所带来的社会经济多元化以及矛盾与冲突,米格代尔则揭示了资本主义不平等的经济秩序而非普遍性的经济发展,这与《世界体系分析》(World-Systems Analysis)[①]、《棉花帝国》(Empire of Cotton)或者《白银帝国》等强调资本主义不平等的世界经济秩序的著述不同。米格代尔深入探讨了这种不平等的资本主义经济秩序对第三世界现代国家建构的冲击,以及对第三世界国家的政治秩序的深刻影响。同时,米格代尔强调欧洲资本主义的扩张,将不同国家的独特性纳入研究视野之中。这种独特性不仅涉及欧洲国家之间的差异性,还表现为西方国家与第三世界国家在国家建设的起点、背景、路径和影响因素上的差异。正如蒂利所言,欧洲是一个未知的国家形成的过程。在欧洲民族国家和资本主义体系诞生之后,它们以其力量重塑了世界体系。因此,对于后发的其他地区而言,这意味着它们是在一个既有民族国家和资本主义体系下进行的国家建构过程,它们面对的发展起点、问题挑战和出路路径都与西方国家存在差异,具有独特性。

三、对中国的强大国家建构的启示

米格代尔的研究对于理解中国1949年后强大的现代国家建设有相当多的启示,已有很多其他中国研究强调国家政权性质和公有制经济的影响。一方面,关于国家政权性质对国家建设的关键影响。郑世

---

① 该书无中文版。

平等学者强调党政体制、群众动员、政治运动和阶级斗争对国家制度化和理性化的消极作用;舒曼和许慧文等则从积极层面分析,认为一个强大的使命型政党创设了一个强大的现代国家,推动了国家组织体系在纵向和横向上的扩散,并将国家权力有效地渗透到基层;我的工商所案例研究揭示了,1949年后国家既通过科层组织下延来实现其在市场领域的社会控制,也通过群众路线和政治运动来解决国家权力渗透过程中的代理人监控和能力不足问题,使国家能够较为有效地实现其对市场的管理。另一方面,关于公有制经济对现代国家建设的影响。杜赞奇(Prasenjit Duara)认为,公有制经济解决了晚清和民国以来一直存在的政权内卷化,以及现代国家权力下延过程中的财政汲取和科层体系供给问题,避免了包税人体系的出现,使国家行政体系得以建立并完善,从而较为成功地强化了现代国家的渗透能力;王绍光通过对新中国成立初期武汉税收汲取能力的研究则认为,这种汲取能力的跨越性并非完全根源于公有制经济,在社会主义改造之前,新中国就已经通过会计和记账簿改革以及群众路线极大地改善了国家在税收汲取中的社会控制和代理人监控,也就是说国家能力在公有制经济建立之前就已经实现了跨越性发展。

与这些研究不同,米格代尔的研究对于我们理解1949年后中国的强大国家建设有不同的启示。在民国时期,地方军阀、土豪劣绅、土匪、帮派和官僚资本家等力量都是民国政府难以应对的挑战。改革开放后,整个国家仍然保留了强有力的社会控制能力。在市场转型中出现了大量社会经济冲突,国企工人、失地农民、农民工、城市业主、环保人士等多元化社会力量被释放出来并且产生各种社会矛盾的情况下,甚至在市场化过程中重新开始出现有组织犯罪的情况下,中国的国家制度体系并没有瓦解并出现弱国家-强社会的情况,相反,它仍然在相当长的时间中较为有效地解决了这些矛盾，并保持了强大国家的政治稳定。这种强大的国家不是理所当然的存在，也并不止是国家政权性质的必然产物。虽然有学者将之归结于体制的强大力量、政治吸纳和统合的适应性，以及国家重建所推动的制度化和理性化，但是我们可以从与国家争夺规则制定权力的社会掌控角度来思考这个问题。

米格代尔分析了欧洲资本主义全球扩张导致许多第三世界国家形成弱国家和强社会的结果。相比之下，中国建立的公有制经济也对政治和社会产生了重要影响：它不仅解决了杜赞奇提出的财税汲取和政权内卷的问题，而且更重要的是，在一定程度上为中国赢得了建立强大国家的时机和能力。一方面，公有制经济为避免第三世界的弱国家陷阱赢得了时机。在欧洲，资本主义也是在绝对主义国家形成的背景下诞生的，绝对主义国家为资本主义开辟了道路，而第三世界国家面临的陷阱是还未建立起一个现代的国家体系，经济就被动地卷入了全球资本主义体系，在这个过程中释放出来的各种势力使得建立一个能够为社会订立规则的强大国家变得困难。中国避免了这个问题，公有制经济的建立为使命型政党创设一个强国家赢得了时机。另一方面，公有制经济为推动强大国家的形成赢得了能力。1949年后，国家能够建立对社会规则制定权力的支配不仅在于国家政权的性质，而且还在于国家权力的范围。按照邹谠的概念，全能主义（totalist state）是区别于权威主义和极权主义的概念，后两者指向的是国家政权的性质，而全能主义指向的是国家的范围。1949年后公有制经济的建立使得国家权力的范围大大扩张，经济体系和社会体系都被吸纳到国家内部，基本不存在国家外部的经济和社会力量。这种全能主义的国家体系为国家垄断社会控制权力奠定了经济基础，使得国家可以铲除与其争夺社会控制的社会强人和社会势力，可以试图再造社会阶层、社会结构和社会组织。也正是从这意义上而言,在改革开放之后,面对剧烈的社会经济转型,虚弱的国家制度体系还可以持续地维系其运作,正是在于国家已经建立了对于社会控制权力的垄断。可以说,中国的强大国家并不只是改革开放之后努力的产物,1949年以来的历史也是不可忽视的重要根源。从这个意义上而言,米格代尔对资本主义和社会控制的强调为理解中国经验给出了启示。

当然,1949年后中国的强大国家之路并不是没有局限的。市场转型是对国家掌控社会的新挑战,它释放出了可以与国家争夺社会控制权力的新力量。当政党体制面对这些挑战时,包括求诉于公有制经济和再造社会,都面临着后全能主义体制的结构性束缚。在20世纪80年代面对国家制度化的重大挑战之后,90年代中后期开始,国家又通过持续的制度重建来重新应对新生的社会挑战,从监管国家建设到国家制度化调适,这些探索无疑是新的经验和成就。在这个过程中,如何做到国家与社会相互赋权也成为更大的挑战,需要在实践上继续探索和从学理上继续观察。不管怎样,中国的强大国家是中国经验最为关键的一环。它不同于从殖民地转变而来的第三世界国家,也不同于从绝对主义国家转变而来的欧洲国家,我国道路的独特性和面临挑战的差异性,都值得我们进一步思考。

"国家能力作为解释"的反思

耿 曙

一、对"国家能力"解释的执着

"国家与社会关系"是政治学领域的经典分析框架,包括"发展型国家"在内,许多类似的解释都是在"国社关系"的框架下发展出来的。因此,"国家能力"作为国社关系研究的一个方面,受到国内外学者的高度关注,常被用于解释政治、经济及社会后果。这种趋势在发展中国家——特别是东亚地区的发展中国家——的学者身上更为突出。基于学者自身的成长经验,"国家"是天生的关键行为者,因此学者对其暗含了一种期待:希望借助"国家"打破既有的结构与制度,带领社会走向国家发展的行列。

在东亚国家的发展过程中,上述期待得到了充分证明:国家,而非其他结构或制度,如企业或市场,在这些案例的发展和转型过程中扮演了不可替代的关键角色。因此,许多学者希望借助"国家能力"来解释经济发展的根源。他们的典型论点是"只有国家具备相当的能力,才能主导转型,从而促进增长"。这种分析视角并不陌生,回顾我的求学阶段,我一直是此类解释的忠实拥护者。作为比较政治学者,我的同行们往往对此表示认同或至少接受。然而,在学术交流的过程中,我发现那些偏向"社会科学"的政治学者,例如那些研究"美国政治"的老师,却经常对此嗤之以鼻,认为我们只是提出了一堆无法证明的"故事"。

二、"国家能力"解释的不足

对于上述批评,我当时完全无法接受,但经过多年的研究经验与方法教学,我逐渐意识到现有"国家能力"解释的不足。根据我的观点,由于"国家能力"的概念界定不清晰,其解释大多只停留在描述阶段。如果进一步提出论证,往往无法摆脱"循环论证"的问题,既无法通过经验验证改进假说,也削弱了研究假说的价值。因此,我将以"国家能力"解释为例,通过具体的范例分析,说明其论证的不足,指出问题的关键所在,并尝试提出改进方法。同时,我也呼吁学界同仁提高方法的自觉性并避免此类论证的逻辑陷阱。

首先,我们需要追根溯源,了解为何需要考虑"国家能力"这一概念。我们知道,"国家研究"已经形成了两种主要范式:一种是将"国家"作为原因或解释变量,例如考察国家的强弱对社会稳定或经济发展的影响,以此来解释现象的结果;另一种则是将"国家"作为结果或被解释变量,追溯国家在历史进程中如何形成不同的特质,侧重于例如社会结构、国际背景、历史事件等外部条件对国家的塑造,这类研究也通常被称为"国家建构"的研究。比较这两种范式,就历史发展的时序而言,后者关注的是国家特质与表现的由来,理论上应该被优先考察。毕竟,如果不考虑国家的形成和建构过程,我们就不会了解国家的特质。然而从研究逻辑来看,前一种范式,即"国家作为解释变量"的视角,反而更为重要并具有优先性。因为如果国家不能产生巨大的影响,学者自然也就无须关注它了。因此,我们可以得出结论:在研究国家时,我们需要同时考虑国家的形成和特质,以及它如何影响社会和经济发展,这样我们才能更全面地理解国家的角色和作用。

我们现在面临的问题是,"国家能力"解释恐怕会让人产生怀疑。

传统研究方法的局限性在于，以"国家"为中心的分析倾向于用国家造成的后果来推断国家本身的特质，然后再用这些特质来解释国家造成的后果。这样一来，论证中的"原因"和"结果"就相互定义，难以独立，最终往往会陷入自我重复的"循环论证"之中。

三、研究论证的"自我循环"问题

根据我的研究经验，能够从社会现象中提出的经验假说本身就不多见，更不用说这些假说能够经过验证，甚至为前人所未见。这种情况凤毛麟角，十分罕见。因此，学术领域中的所谓"经验论证"，很可能只是"循环论证"。环顾四周，我们可以发现类似的例子比比皆是。

有学者认为，国家的政治状况取决于精英之间的关系。也就是说，如果精英之间关系和谐，政治就会稳定；反之，如果精英之间关系冲突，政治就会动荡。但是，如果我们将"精英"定义为那些能够影响国家政治的个人和群体，那么这个论点就变成了一句永远正确的空话，既无法被推翻，也不需要验证。这就是一个"循环论证"的例子。另外，有学者认为，只有那些在国际体系中感到不安、努力追求科技领先的国家才会积极寻求技术创新。但如果按照这种说法，这些国家的创新动力主要来自它们不具备技术领先的现实，所以才会在国家竞争中感到不安。也就是说，它们是因为"创新不足而不安"所以才力求创新。这又是另一个"循环论证"的例子。"循环论证"是一种逻辑错误，它用相同或类似的概念来相互解释，使得在经验案例的考察中几乎找不到任何反例。而且，因为它是永远正确的，所以也不需要经过经验检验。这类"循环论证"的假说大多来源于对现实情况的描绘与总结，但其所提出的研究论证往往可以通过逻辑推导得到确认，实际上并不具备经验解释的意义与价值。

根据我的观点，学界现有的关于"国家能力"的解释常常成为循环论证的"重灾区"。由于对"能力"的界定抽象模糊且众说纷纭,学者通常依赖"能力造成的后果"来判定能力的大小和强弱。这种做法本身没有问题,但若之后再用已形成的"能力强弱"来解释"能力后果",就会陷入"循环论证"。例如,有观点认为国家能力决定治理水平,强大的国家能力将产生有效的治理结果。其中,"解释变量"的衡量指标是国家对社会的掌控程度,掌控程度较高的国家被认为具备强大的国家能力。然而,仔细思考后会发现,国家能够掌握局面实际上等同于实现有效治理,二者基本上是同义词。再举一个例子,有些研究者认为强大的国家能力促进了经济发展。他们的论证逻辑是,强大的国家能力意味着国家能够正确判断形势,并通过政策工具有效贯彻国家意志,因此必然能够带来经济的高速增长。然而,经济的顺利增长本身就意味着国家能够做出正确的政策选择,并充分发挥出正确发展政策的效果。这类论证仍然隐藏着同义替换的逻辑。因此,无论在治理领域还是发展研究领域,关于"国家能力"解释的"循环论证"逻辑陷阱都是经常出现的。

四、论证陷入"自我循环"的症结

前面已经简要提到了"循环论证"的产生原因。问题的核心在于关键概念界定困难,因此在考察过程中容易出现"就结果考察原因"的情况。此后,由于用作经验检验的案例在选择过程中存在优势偏误,无法帮助学者发现论点存在的问题,最终导致陷入"循环论证"的困境。我们可以通过考察两个具有广泛影响力的"国家与社会关系"分析框架来追溯上述"循环论证"的来源。其中一个是斯考切波使用"国家自主性"和"国家能力"作为考察国家的分析框架[①],另一个是迈克尔·曼提出

---

① 斯考切波:《国家与社会革命:对法国、俄国和中国的比较分析》,何俊志、王学东译,上海人民出版社2013年版,第28页。

的"两种国家权力"分析框架①。

仔细考察后我们会发现,这两位学者都试图通过描述/分析"国家与社会"关系来解释"国家能力"。在斯考切波的框架中,一方面,由于国家和社会相互作用,确认"国家自主性"需要考察国家是否受到社会影响,即国家是否能够独立于社会并自主确定行动目标。因此,"国家自主性"不能脱离与其互动的社会而存在。另一方面,衡量"国家能力"主要参考国家行动是否受到社会约束,同样不能脱离作为客体的社会而单独考察。曼氏将国家权力分为"专制权力"和"基础权力",通过分析国家是否能够独断独行、贯彻意志以及国家是否能够介入社会并获得支持来衡量国家权力的大小强弱。在对这两种能力的探讨中,国家和社会相互嵌入、相互影响,无法形成各自独立的分析概念,也无法清楚地分析彼此间的相互影响。虽然我们都承认"国家"和"社会"会相互影响、相互塑造,但在研究的初期阶段建立清晰、独立的概念是必要的。只有在确定何为"国家"、何为"社会"之后,我们才能更好地厘清彼此间的互动关系。如果一开始就将国家和社会"相互界定",形成含混不清的概念,那就无法进行清晰、干净的分析。这也是这类研究容易陷入"循环论证"而不自知的原因所在。

五、如何从"自我循环"中解套?

综上所述,传统的"国家能力"解释往往回避了对"国家"本身特质的明确界定,其中之一就是"国家能力",而必须通过影响国家的对象来间接推断国家特质。这容易导致通过能力造成的结果来解释能力本身,从而陷入自我循环、无法验证的陷阱。类似问题其实揭示了传统研

---

① 迈克尔·曼:《国家自主性权力:起源、机制与结果》,郭忠华、郭台辉编译,广东人民出版社2017年版,第49页。

究方法的不足，以"国家能力"为解释变量的研究假设往往只停留在描述案例情况和提炼初步假设的阶段，缺乏逻辑检查和实证验证。这个问题不仅限于"国家能力"论证，可能涉及大多数依赖传统方法的社会研究。因此，研究者在处理各种貌似因果关系的假设时应该谨慎，并在厘清关键概念的基础上进行进一步的经验检验，以得出逻辑严谨的研究结论。

如前所述，"循环论证"不仅重复空洞，而且与实证经验脱节，难以通过案例分析得到改进。面对这种逻辑陷阱，我提出两种超越循环论证、改进"国家能力"解释的做法，供学界同行参考。第一项建议是调整研究概念，重新定义"国家能力"；第二项建议是改进比较方法，关键在于研究策略中的案例选择。

首先，我们要明确"国家能力"中的"能力"概念，它强调了"国家"可能产生的影响，倾向于以"结果导向"的方式思考和考察问题。因此，我建议对"国家能力"的定义需要与它所影响的结果（例如社会特征）完全分离，避免用"结果变量"来考察"原因变量"。传统的"国家能力"解释往往过于强调国家和社会之间此消彼长的二元对立关系，但这种视角进一步指向了前述的"相互界定"倾向。因此，如上文所述，国家和社会应当首先被定义为两个相互独立的分析概念，这样学者才能在明确主要研究对象的基础上，针对二者各自清晰的定义，有重点地考察二者的具体互动和形塑过程，由此呈现相对清晰的分析图景，且能够避免复杂叙事中混淆二者各自的特征。对此，米格代尔提出的分开框架，即将国家和社会的组合类型以"2乘2"的方式划分为"强国家-强社会""强国家-弱社会""弱国家-强社会"以及"弱国家-弱社会"四种组合类型，有助于独立考察"国家"和"社会"各自的特质，为进一步分析两者之间的互动关系提供一个更为清晰的框架。除此之外，针对"国家能力"考察过于模糊的问题,我希望能够提炼出一套指标体系来帮助厘清国家特质,打开研究的黑箱。当然,在初级阶段,这类指标体系可能会存在各种不足,但如果能够持续不断地发展、改进,应该能够逐步取得学界的共识,形成有助研究积累的考察方案,避免现在众说纷纭、各讲一套的研究做法。

在明确了概念之后,我的第二项策略是针对研究中的"选择偏误"现象。实际上,在案例分析中,常常会遇到根据结果变量来选择样本,从而导致"删截样本"的情况。由于概念不够清晰,关于"国家能力"的解释假说往往会经历"概念滑转",即前面提到的那种用能力后果来推断原因的方法,案例研究也只能参考结果变量来选择样本。学者们要么关注一些特殊的案例而忽略整体情况,要么因为"幸存者偏差"而遗漏一些可能会弱化研究假说的反例。总之,"删截样本"会导致一些有助于完善论点、推动知识积累的案例无法被纳入研究。这种选择样本的方法还会进一步导致论证产生偏差,影响研究结论。

因此,我建议在尝试厘清研究概念的基础上,改进经验研究的策略,尤其是案例选择的方式。例如,通过开展"同案例分析"来检验"国家能力"对东亚发展型国家的经济增长的解释,即"能力强弱"与"策略主导/成果好坏"之间的关系。实际上,两者之间并不存在长期稳定的单向因果关系,经济绩效的变化走势也不是国家能力的线性反映。之前的学者未能对此提出质疑,关键在于"选样策略"限制了他们质疑、反证己方假说的机会。因此,为防止可能的选样偏误,学者可以采取"以原因变量选样"的方式,来提升研究假说的可检验水平。例如,要验证传统"门当户对"的建议,研究"夫妻家庭背景差异"对"夫妻生活冲突频率"的影响,如果以"结果选样",可能会过于关注那些"冲突极大"的案例而遗漏夫妻生活冲突较小或极小的案例,造成论证检验过程中的"删截样本"问题,且无法发现自身论证中的可能谬误。反之,如果以研究假说中的原因变量为本,尝试"以原因变量选样",根据夫妻的家庭背景差异,按照"极大变异选样"(maximum variation sampling)原则,刻意选择并分别考察"极大—居中—极小"三类案例之后,即便案例可能存在选择性遗漏问题,但由于"极大"与"极小"两类案例都被充分纳入,还是更容易开展相对全面的经验检验,进而得到更加稳健的研究结论。

  学术研究总是在不断反思、质疑和改进中取得突破。我们主要讨论了"国家能力"解释中存在的"循环论证"问题,分析了"概念界定模糊"和"难以经验检验"这两个方面的原因,揭示了现有解释的逻辑陷阱。根本目的不在于批判,而在于改善。我们希望新一代的"国家社会关系"研究者可以从改进"概念界定"和"选样策略"入手,提升方法意识,识别并回避论证的逻辑陷阱。同时,我们希望他们能够提炼出经过严格检验的理论假说,从而迈向更加清晰、可证的"国家能力"解释。

究竟什么影响国家推进政策的能力?

张 静

今天,我要分享的是国家推行政策的能力受到哪些因素的影响,并基于中国案例展开说明。首先,我要向米格代尔教授致以敬意。他的著作从政治社会学视角为我们认识国家能力问题提供了重要启发:国家的能力运用并非孤立存在,而是与社会结构中的控制权分布紧密相关。许多这样的情况也出现在第三世界国家中,在中国历史中也有所呈现。

国家力量深入基层,导致社会碎片化,并通过组织性变革削弱了许多旧的社会控制权基础。这种深入基层的行为在中国历史中时有发生,尤其在改革开放后,政府进行了一系列机构改革和社会组织调整,以适应快速发展的经济和社会需求,这些改革和调整使得原有的社会结构发生了较大变动,同时也削弱了一些旧有的社会控制的力量。此外,中国面临着大规模的社会流动和区域移民现象,这导致对统一治理的社会需求不断增加。随着城市化进程加速和人口迁徙增多,不同地区、不同社会群体之间的交流与融合变得更加频繁。在这种情况下,国家需要更强大的推行政策的能力,以满足日益多样化和复杂化的社会治理需求。同时,通过各种制度安排,官僚利益和国家利益的共生性不断增强。这种现象在中国政治中也存在,国家的政策制定和执行往往受到各种利益集团的影响。政府需要权衡不同利益之间的关系,以实现国家整体利益的最大化。这种复杂的利益格局对国家推行政策的能力产生了一定的影响，需要政府在权衡中寻求平衡。

米格代尔的研究告诉我们，在评估一个国家执行政策的能力时，我们应该将其放置在社会结构和国际环境的交互影响中观察，而并非仅将其作为一个独立的实体。国家的能力是在这种复杂的关系中逐渐形成和发展的。对于中国这样的大国来说，更需要灵活适应不断变化的局势，以保持稳健有效的治理能力。

一、解释逻辑

第三世界国家中发生的很多情况在中国也有出现，因此我们很容易看到其中的解释逻辑。虽然材料繁多，但解释逻辑非常清晰，那就是，国家能力取决于它是否能够赢得对其他控制权的斗争。我认为这是非常重要的解释，但是仍然存在一些困惑没有得到解答。比如，我们观察中国历史和现今，可以发现在中国几乎没有任何社会组织能够和国家的掌控力相比拟。那么为什么仍然有不少国家政策实施效果不佳呢？如果认为这属于国家能力问题，那么我们就必须回答是什么限制了国家的能力，国家推行政策的能力又受到了哪些因素的影响。

二、关注国家组织自身的历史特征

在研究国家推行政策的能力受到哪些因素影响时，我采用了关注国家组织自身历史特征的视角，而不仅仅关注国家与其他社会组织的控制权对抗。具体来说，我将重点关注以下三个方面：首先，政策推行的制度环境是第一个关键因素。这些制度环境是由国家自行制定的，而不是其他社会组织。它们直接影响国家政策的推行和执行，从而对国家能力产生重要影响。其次，行政体内部的责任分包特征是第二个关键因素。国家行政体内部的责任分包决定了政策的具体执行和实施过程。这些责任分包特征是由国家行政体自身决定的,而不是其他社会行动者。最后,我将探讨工作机构的作用。每个人所在的工作机构作为一种利益组织化单位,对政策的执行和推行起着重要作用。这些工作机构是国家体系的一部分,而不属于社会体系。通过关注国家自身的历史特征以及上述三个方面,我们或许能更好地解答为什么一些国家政策推行不畅、实施效果不佳,以及国家推行政策的能力受到哪些因素的影响等问题。

(一)政策与制度环境的相融性

政策与制度环境对国家推动政策的能力有重要影响。例如,我在基层调研中了解到一些关于国家支持农业发展的政策的执行情况。为了支持农业发展,中央给予中国四大银行特殊政策,让农民能够以更低的利率获得贷款,用于农业发展,而这些贷款由国家进行补贴。但是,实际调查发现,大多数农户并没有获得低利率贷款,而是不得不转向商业银行的高利率贷款。

此外,我们注意到乡村的合作金融组织中,存款和贷款的比例非常低。农民虽然把钱存入了这些合作金融社,但很少有人从这些机构获得贷款来发展或维护自己的农业产业。大部分资金最终流向了城市建设项目,而没有进入农村和农业领域。这种情况导致国家支持农业发展的政策未能达到预期效果。然而,问题的原因并非政策本身不合理,也不是政策执行人的抗拒,或农民不需要资金。实际上,关键在于政策与制度环境之间的相融性问题,即可能存在一些制度上的限制和不足,导致政策执行并未达到预期的效果。

正确的政策与制度环境之间的相互作用对于国家推行政策的能力

至关重要。在制定政策时，必须考虑到不同层面的制度安排，确保政策能够有效执行并达成预期目标。然而，在农业发展方面的案例中，目前的财产制度与政策并不相符。农民的房屋建在自己村庄的宅基地上，这些房产并没有抵押价值。当农民需要贷款时，银行会询问他们能够提供什么财产作为抵押。大多数农民只拥有房产或宅基地，但银行发现如果农民无法偿还贷款，这些房产和宅基地也无法进入市场变现，因为这些财产处于集体所有制下，无论是土地还是房屋，都没有抵押的价值。因此，由于农民没有其他有价值的资产可以用作抵押，他们无法获得贷款。农民如果需要资金支持，只能选择高利率的方式，因为高利率贷款没有太严格的抵押要求。

这个案例揭示了政策与制度之间的不协调问题。即使政策本身是合理的，但如果不能与现有制度环境相适应，其实施效果将受到限制。因此，在推动政策时，必须全面考虑政策的设计与实施过程中所面临的制度环境，并及时进行制度改革和调整，以确保政策能够有效执行并实现预期目标。只有这样，国家在推动政策时才能具备更强的能力和更高的效率。

在这个惠农贷款政策的例子中，各方（决策者、执行者和需求者）对该政策都没有反对，但由于制度环境与政策之间不相容，他们不得不不断地进行调适性行为。然而，这些调适性行为最终导致政策执行成本增加，使国家的惠农政策难以发挥作用。

这个案例说明，政策执行能力的限制并非源于外部控制权的对抗，而是由于国家自身制定的政策与现有制度不相容。尽管各方都支持政策的目标，但由于制度环境的不适应，政策在实际推行时仍面临困难。

因此，这个例子强调了了解政策与制度环境相互作用的重要性。国家在制定政策时应该考虑现有的制度安排，以确保政策能够有效地执行并达到预期的目标。只有当政策与制度环境相互融合、相互支持时，国家才能更好地推行政策，为国家的发展和民生改善创造更有利的条件。

（二）行政体系内的历史特征

在讨论行政体系内的历史特征时，我们通常会将科层组织和市场组织视为两种不同的行政体、组织体和逻辑体。科层组织在理论上被视为一个责任的整体，尽管各部门具有不同等级的权限，但它们有着共同的利益、目标和使命，因此可以被看作一个整体。国家组织通常被认为是科层组织的一种，因此在理论上符合科层组织的基本定义。与科层组织不同，市场组织各自独立，彼此之间是竞争关系，而不是一个整体。市场组织中的各个单位并没有共同的利益和目标，而是通过彼此的交换和竞争来维持生存，这是其与科层组织不同的特征。

在历史进程中，国家组织通常以层级结构的形式出现，其内部各部门之间存在一定的协调与合作。然而，随着社会的进步和全球化的推进，市场力量的壮大使得市场组织在经济活动中的作用逐渐增强。因此，在现代社会中，国家组织与市场组织之间的关系变得愈发复杂，它们相互影响、相互作用，而不再被简单地视为彼此独立的实体。这样的历史特点对国家执行政策的能力产生了重要影响。政策的实施往往需要协调各部门之间的合作，确保各方利益的统一性和政策目标的一致性。同时，政策执行过程中也需要考虑市场组织的影响，因为市场竞争和交换是政策执行的现实背景。因此，对于国家推动政策的能力而言，了解并适应这些行政体系内的历史特征至关重要。

(三)嵌入了市场逻辑的行政体系

回顾中国的情况,我们可以看到它是一个嵌入了市场逻辑的行政体系。在中国,行政体系并不像是一个系统统一的科层组织,而更像是一个多角色的利益分散的"市场交换系统"。尽管在形式上和法律的条文上,它应该是一个科层的组织系统,有等级和整体性,但实际上并非如此。当新的政策或任务出现时,通常需要不断成立工作组来处理。这是因为在面对内部的"市场交换系统"时,政策推行需要进行协调和指挥。为什么需要成立工作组呢?这是因为在行政体系内部,各个部门和利益相关方可能存在着不同的利益和目标,它们之间相互竞争和交换。这种复杂的利益格局可能会导致政策的推行受到阻碍或出现不协调的情况。因此,为了确保政策的顺利执行,需要成立工作组来进行协调和指导,以应对这种内部的复杂利益格局。

这种行政体系嵌入市场逻辑的现象,可能源自中国经济改革开放以来的特殊历史背景。在改革开放过程中,中国引入了市场经济元素,推动了经济的快速发展,但同时也带来了行政体系内外的利益交换和竞争。随着时间的推移,这种嵌入市场逻辑的行政体系逐渐形成,对于政策推行产生了影响。

总的来说,了解这种嵌入市场逻辑的行政体系对国家推动政策的能力非常重要。政策制定者需要认识到行政体系内部的复杂利益格局,并采取相应的措施来协调各方利益,以确保政策的有效实施。此外,还需要不断探索适应这种特殊行政体系的政策推行方式,以提高国家推行政策的能力和效果。

(四)分包与因地制宜

在这样的行政体系中,分包和因地制宜是明显的特征。政府内部嵌入了一个相对分权和分包的体系,采用类似市场交换的规则来推进政策执行。表面上是推行命令,实际上是责任分包;表面上是在执行,但实际上因地制宜的改变是一种惯例,这种情况在行政体系内经常发生。然而,这种特征并不总是产生负面效果,因为它可以解释基层的活力和地区发展的差异。很多地方政府展现出巨大的活力,使得这些地方的发展相当不错,就可以通过这一点来解释。

同时,这种特征也可以解释为什么在中国相同的制度环境下,南方市场比北方发展得更好,这主要源自基层政府的行动。整体来看,尽管本应该有所不同,但中国的行政组织和社会是非常相似的,然而又在很多规则方面有所差异。这种现象表现在虽然表面上组织统一了,但是行为的统一作为科层整体的行动规则的整合,直到目前也没有真正完成。因此,国家非常依赖这样的组织方式,所以不能轻易更换这一组织工具的行动规则,若出现问题只能换人,很难对整个组织及其行为规则进行更换。因此,这些行为往往在换人并经历一段时间后不断再生。

这种在行政体系中出现的分包和因地制宜的特征,给中国政府在推行政策时带来了挑战。为了实现政策的有效执行,政府需要在保持灵活性的同时,寻找适当的平衡点,使得政策能够根据实际情况进行调整,同时又能保持统一性和整体性。在这个过程中,政策制定者和执行者需要密切关注行政体系内部的复杂利益格局和行为规则,以制定更加符合实际情况的政策,并灵活应对变化,提高国家推行政策的能力和效果。

(五)行政包干制

在中国行政体系中,行政包干制是一种独有的特征。它具有以下特点:首先,在行政包干制下,任务执行者会公开提出条件,即明确任务和目标,如果条件得不到满足,就可能会拒绝执行。虽然这种做法在行政中通常被认为是不正当的,但通过交换和隐形的授权,可以将其转化为正常程序,以激励协调配合,这种情况是常见的。其次,行政包干制实际上是非常灵活的。它承认一系列条例无法明文规定的权利,重点关注任务的结果而非具体的执行过程。在分包任务给下级后,执行者在过程中拥有较大的自由裁量权,只要能够实现预期的结果,具体的执行方式可以有一定的灵活性。最后,行政包干制在政府内部嵌入了一个相对分权和分包的体系,这意味着责任和任务被下放给基层,赋予了基层较大的自主权。上级只关注结果,而下级可以通过行政包干制来实现自身的目标,形成上下互动的局面。

然而,行政包干制的特点,导致了行政机构内部的不统一性,使得政策的推行面临问题。因为整个体系并非一个统一体,为了提高政策执行的效率和一致性,政府在推动政策时需要认识到这些特点,并寻找平衡点,以确保政策的一致性和整体性,同时充分利用行政包干制的灵活性和激励作用,以使得政策能够更好地实施并达到预期效果。

三、工作机构作为利益组织化单位

第三点,我想谈谈工作机构作为利益组织化单位的重要性,这是因为国家需要依赖这些利益组织化单位来满足社会成员的需求。回顾中国的历史,特别是1949年之后,大规模的社会重组导致了社会利益组织化单位的显著变化。我指的是体制内的工作组织,而不是其他的社会组织,这是中国社会结构的一个重要特点。

这些工作组织是我们每个人所隶属的行政单位或工作单位组织,它们是国家组织体系的一部分,类似于国家设在基层的治理单位。它们在一定程度上要实现国家的目标,或者执行国家的任务,尤其是负责执行国家在社会基层代理的政治任务。因此,这些组织发挥着非常重要的政治和社会职能。它们通过对社会利益的组织化,帮助国家在基层实现治理目标,并推动国家对社会产生更大的影响。

在中国的体制内,这些工作机构成为整合社会利益的重要渠道。通过这些单位,国家能够更好地了解社会成员的需求和诉求,并通过相应的政策和措施来满足这些需求。同时,这些工作机构也起到了传递国家政策和指令的作用,将国家的决策传达到基层,并协调各方的利益,使得国家的政策能够更加顺利地得到执行。

但是,要理解这些职能,我们必须首先区分体制内组织和体制外组织。大部分的体制外组织是在过去40多年的改革开放过程中发展起来的,因此,如果我们从1949年开始考虑,当时的大部分组织都是属于体制内的,例如农村的人民公社和城市的工作单位等。近40年来出现了一个新的现象,那就是体制外组织的发展。这两种组织由于所承担的社会和政治职能不同,因此需要分开来看。

在体制内组织和体制外组织中,个人与组织的关系存在差异。体制内组织与国家之间的连接渠道和制度化渠道更加发达;相比之下,体制外组织的效能较差。体制内组织具有更高的议价能力和治理能力,因为它们与国家有制度化的联系和渠道,能够成功地将管辖单位成员(个人)的利益整合传输到国家的政策制定部门,而体制外组织无法做到这一点。因为在许多方面与体制内组织不同,体制外组织在社会利益组织化效能方面相对较弱。

在连接、传输、协调、应责、代表和庇护等方面,体制内组织和体制外组织的差异表现得尤为明显。连接指的是如何将个人的需求和要求传递到组织,并与国家的资源和政策连接起来,然后传输到社会政策的制定部门;协调是指平衡不同利益之间的不平衡,对组织成员进行回应和应责。体制内组织在这方面发挥重要政治和社会职能,能够代表个人的想法,并将其传递到国家体系之内,必要时为个人提供庇护。相比之下,体制外组织在这些方面表现较弱。

总的来说,体制内组织和体制外组织在社会利益组织化效能方面的差异非常大。体制内组织凭借其政治和社会职能对国家的政策推行产生高度影响。国家依赖这些组织的政治和社会职能,因为这些职能已经在基层的体制内得到替代性的发展,无须再次开发;而体制外组织在这些方面相对薄弱。因此,这些体制内组织成为国家政策推行的关键因素。

唐文芳教授在2004年发表的三次调研数据表明,在党政机关工作的人相较于不在该工作单位的人,解决问题的效率高出8.5分。这表明了体制内组织在国家政策推行中扮演着重要的角色,他们是国家在基层的代理或帮手。体制内组织之所以能够做到这一点,是因为它们有非常重要的社会和政治职能。而体制外组织是最近40年发展出来的市场的新型组织,它们没有这样的职能,因为它们与国家体系的历史性关系、结构关系与体制内组织完全不同。根据社会学的研究数据,大约80%的城镇就业人口在体制外工作。这显示了组织与个人之间的关联以及组织整合个人需求传递到国家组织之间的能力,由于两种组织的不同而导致结果的不同,这和国家政策是否能够得到有效推行密切相关。这是一个中国社会中非常特殊的现象。

通过回应前面提到的困惑,我们可以发现中国独特的政策推行和效果与国家行政体系内部的历史和制度传承密切相关。虽然其他社会组织的力量远弱于国家的控制权,但一些政策之所以仍难以顺利推行或产生良好效果,与国家行政体系内部的特点有关,包括政策与制度环境的相互作用、嵌入了市场逻辑的行政体系,以及工作机构作为利益组织化单位的重要性,而不是其他独立的社会体或者控制权竞争和对抗的结果。我认为刚才提到的三点有助于我们理解中国独具特色的政策推行:究竟为什么政策推行困难重重、冲突不断？为什么有些政策推行得非常顺利？为什么这种独特的政策推行的国家能力可以和整个国家体制互相依存？

以上是我对米格代尔教授的著作提出的问题进行思考后,结合中国实际案例及近一二十年社会学研究的发现得出的结论。通过这些分析,我们可以更好地理解中国独特的政策推行现象,并认识到其中涉及的历史和制度因素对国家政策执行的重要性。这些思考有助于我们深入探讨政策推行时的困难和冲突,同时也能解释为何有些政策能够成功顺利推行,以及独特的国家能力是如何与整个国家体制相互交织并互相依存的。这种综合性的研究有助于深化我们对中国政策执行和国家运行的理解。

作者谈
乔尔·米格代尔

大家好,我很荣幸今天能与大家共聚于此。首先,我要向曾经在中国结识的所有同事和朋友问好,特别是张长东先生。现在,我正在一个长途汽车站等车,期待一切顺利。

我之前从未有机会在 35 000 人面前发言,这是一个令人激动的时刻。关于大家提出的问题,我注意到与其说是问题,不如说是对我所思考的国家-社会关系的想法的延伸。中国案例,特别是教授们的评论,确实以重要的方式深化了我对国家与社会关系的理解。

我想先就杨雪冬教授的小论文《戴面具的国家》发表一些看法。杨教授提出了一个核心观点,即我们不应以单一形式看待国家,而应从多维度的视角看待国家。国家的面具包括政党国家、民主国家、违宪国家、福利国家和发展国家等。换句话说,国家有众多不同的面貌,具体展现哪一面取决于环境和受众。杨教授将"戴面具的国家"这一概念与我的"国家的观念"进行了比较。实际上,"戴面具的国家"这一概念更具包容性,涵盖了我所提出的观念之外的其他重要方面。

"国家的观念"这个概念源自社会中人们的主观看法,他们以某种方式塑造和解读国家。当被问及什么是国家时,他们会立刻想到一个概念,包括国家做了什么和国家应该做什么。然而,"戴面具的国家"这个概念并非来自社会层面,而是来自国家层面。这意味着国家会戴上不同的"面具",在不同情况下以不同方式展示自己。

为了理解国家能力,我们必须观察硬币的两面。我们应观察国家在不同情境下如何展示自己,包括在联合国或涉及国际关系时,以及在地方社区提供卫生服务或农业贷款时。以这种方式看待国家是非常重要的,但我们还应观察人们如何解读国家——他们如何理解这些"面具",并将这些面具整合成一个关于国家是什么或应该是什么的完整观点。

这促使我提出一个更大的观点,并继续探讨其他评论。如果不了解国家试图支配的公众,就不可能理解国家能力这一概念,公众在国家的构成方式中占据重要角色。我们经常自上而下地理解国家能力,例如关注首都发生了什么,政策如何形成、如何实施等,但更重要的是要理解:如果缺乏特定公众的支持,国家将无法真正存续。20世纪80年代的苏联即是一例。

耿曙教授提出了一些关于国家作为解释变量的有趣观点。他认为,大多数关于国家能力的文献从国家出发进行解释,将国家视为一个自变量或影响社会的东西,这是他的核心观点。关键在于,国家能力的概念可能导致研究陷入循环论证。

耿曙教授还谈到了国家能力的替代性话语,如国家权力(state power)。虽然不是很确定更换表达方式能带来多少收获,但阅读斯考切波的作品时,我们往往会割裂国家和社会的联系。关键在于,国家与社会并非相互分离的,且国家改造了社会。国家拥有权力或信心去构建社会结构,在这个意义上,国家与社会之间产生了互动。国家与社会不仅相互作用,而且相互建构。当地的村庄、城镇、城市、团体和社会力量都在以特定方式在建构国家的过程中发挥作用。同时,国家也在影响社会性质上发挥着巨大力量,进而产生互动效果。

接下来我想点评一下张静教授的观点。张静教授讨论了一个非常本质的问题：为什么尽管中国是一个如此强大的国家，其在制定政策过程中仍然会面临阻力？为什么政策在执行过程中会出现变形？在这里，我想提出一些想法，以帮助回答这个极好的问题。国家仍然被理解为一个单一的实体。然而，像中国或者其他拥有多层级以及无数劳动者的大国，很难保持一种统一的行动或行动议程以使如此多的人口稳定运转。国家在不同地方戴上不同的面具，以使不同群体能够得到不同的利益。

我认为国家的不协调性是真实的，尽管它并非不容置疑的。关于我们如何理解"社会"这一概念，有两种思考方式。其一，社会由许多追逐自身利益和具有自身文化的不同群体组成，包括利益集团、行业群体和专业人员等，他们都有各自的需求，因此社会存在很多不同的规则。其二，公众更具包容性，各团体并非只寻求个体利益，也具有某种公共利益的关怀。不知何故，人们开始思考国家，思考国家的问题与国家的利益。这些都以一种单一的形式存在，国家能力在很大程度上取决于公众提出的公共利益概念与国家行为之间的一致性。

虽然不知道在座各位是否还有更多的问题，但让我们就到这里结束吧。我确实认为，能够在这个偏僻的车站与在座各位交谈是一段奇妙的经历。

（张长东　译）

第三章
超越西方式选举民主何以可能？

时　　间：2022 年 6 月 11 日
地　　点：线　上
主 持 人：肖　滨（教育部"长江学者"特聘教授、中山大学教授）
与谈嘉宾：何包钢（澳大利亚迪肯大学教授）
　　　　　景跃进（清华大学教授）
　　　　　郎友兴（浙江大学教授）
　　　　　何俊志（中山大学教授）
阅读文本：王绍光，《抽签与民主、共和：从雅典到威尼斯》，中信出版集团 2018 年版
文本作者：王绍光（香港中文大学教授）

主持人语

肖 滨

2022年6月11日,云南大学民族与边疆学部主办的"我们一起阅·探"系列学术活动成功举办。本次活动由民族政治研究院郭台辉教授带领的云南大学哲学社会科学创新团队精心策划,主题是"超越西方式选举民主何以可能?"。活动从香港中文大学王绍光教授的著作《抽签与民主、共和:从雅典到威尼斯》(以下简称《抽签与民主、共和》)切入,深入探讨了抽签、选举与民主等问题。中山大学的肖滨教授担任主持人,并邀请了澳大利亚迪肯大学的何包钢教授、清华大学的景跃进教授、浙江大学的郎友兴教授以及中山大学的何俊志教授作为与谈嘉宾参与讨论。

在研讨会上,王绍光教授简要介绍了此书的写作背景。四位嘉宾分别从不同的理论面向进行了全面深入的讨论,并发表了独到的见解。何包钢教授从亚里士多德的混合政体出发,对王绍光教授提出的两种抽签理论模型进行了讨论。景跃进教授厘清了西方式"选举民主"的概念内涵与外延,指出"选举民主"在中国语境中的特殊性。郎友兴教授从不同学者对"超越(选举民主)"的理解差异出发,对抽签/抽选进行了讨论,并提出了超越西方式选举民主的中国解法。何俊志教授在梳理中国古代各民族传统选举制度演化机制的基础上,比较了中国古代与希腊城邦的抽签与选举的异同之处。

从亚里士多德的混合政体理论来看抽签和选举

何包钢

在当代关于民主危机的辩论中,一些西方学者提出了一种解决方案,其被称为"抽签民主",旨在重振和深化民主。与此相似,中国学者王绍光在他的著作《抽签与民主、共和》中也倡导抽签民主。

抽签民主有两种形式:温和的抽签民主关注在哪些环境中可以运用抽签,将抽签方法间接地应用于立法;而激进的抽签民主认为抽签应该适用于整个政治领域,包括立法和建立现代民主政治的"抽签议院"。尽管王绍光似乎支持激进的抽签民主理论,我却对这种理论持反对态度。抽签仅仅是一种方法,它必须在一个混合政治体系中发挥作用。民主的实现依赖于抽签、选举和协商的配合与互补。抽签过去没有,今天也不可能完全取代选举。一种超越选举民主的方法是将抽签和选举结合起来。提议用抽签取代选举不仅不符合历史事实,在现实中行不通,而且在规范意义上也不可取。

抽签作为一种历史悠久的选拔方法,曾被用于选拔公职人员。此外,抽签也被用于分配稀缺或重要的物品。在当代,一些西方学者在关于民主危机的讨论中提出,抽签民主是一种能够重振和深化民主的方案。例如,2018年意大利大选后,五星运动曾反对由选举产生的议会,提议通过抽签产生参议院议员,尽管该提议并未获得成功。

抽签民主理论认为,民主危机的根源可以追溯到18世纪以来人们选择立法者的方式。选举制度被指出不足以成为合法性的来源,因为它造成了政治统治阶层与普通公民之间的鸿沟,从而引入了腐败和操纵的问题。为了解决这些问题,抽签民主理论提出用抽签选择代表的方法来代替选举,并建立"抽签议会"。

对于温和的抽签民主建议,我表示赞同。确实,抽签可以改善民主的运作。然而,我反对激进的抽签民主理论。我认为,抽签民主理论对民主理解的范式变化是对历史上抽签实践的一种误解。抽签民主理论无法成为一个具有本体意义的理论。随机抽样无法提供在抽签参与者和非参与者之间的授权和问责的合法性纽带。抽签参与者的最终决策不能代表大多数(也许是绝大多数)非参与者的观点。抽签必须依附于一个混合政治体系。正如帕金森所建议的,将选举和抽样相结合会更具合法性,因为这样可以更清晰地确立授权和责任。[1] 就像我们在烹饪时需要混合使用盐、糖和酱料一样,民主政治也需要综合运用抽签、选举和协商这三个要素。关键在于根据不同的时空条件,合理地分配比例和搭配这三个要素,这是民主的艺术。早在2000多年前,亚里士多德就在《政治学》一书中论述了这种民主艺术。[2] 他提出了政治科学的两大任务:一是研究最优的政体,二是思考政体在何种条件下最符合民意。政治专家的任务就是在人们设计和选择制度时提供专业建议。亚里士多德的混合政体理论为我们理解抽签应有的地位提供了一种视角;中国地方的民主实践也为我们提供了一个活生生的例子来理解抽签的实际作用和地位。因此,我将从亚里士多德的混合政体理论和中国地方的民主实践入手,来讨论王绍光的著作。

---

[1] John Parkinson, *Deliberating in the Real World: Problems of Legitimacy in Deliberative Democracy*, Oxford: Oxford University Press, 2006.

[2] 亚里士多德:《政治学》,吴寿彭译,商务印书馆1965年版。

一、亚里士多德的混合政体论

抽签民主理论家常常引用亚里士多德的名言来支持他们的观点，即抽签分配官职是平民政体的做法，而选举各种官员则具有寡头政体的性质。然而，这种简单的引用忽略了亚里士多德更深层次的观点，即抽签和选举应该混合使用，以通过抽签来打破贵族利益的垄断，并通过以一定财产为基础的选举来避免平民政治的混乱和动荡。因此，仅仅依靠抽签可能无法实现更有效的民主。

首先，亚里士多德建议通过向贫民支付工资来确保平民能够参加公民会议或民事调解会；相反，如果贵族不出席会议，他们将无法获得相应的报酬，并且可能被处以罚款。其次，亚里士多德反对过高的产权门槛和完全无财产要求的公民身份认定。他提出了一种折中方案，旨在保证广泛的平民参与政治活动，同时避免无财产民众产生不合理的政治要求。最后，在权力组织分配方面，亚里士多德认为混合政体应该包括三种政治组织形式：具有贵族特征的官员选举制度，具有寡头特征的委员会制度，以及具有民主特征的公民议事会。

混合政体的目标是确保政治权力不被任何一个群体，无论是贵族还是平民，独自掌握，它致力于维持各群体之间的平衡和相互制约。如果没有有效的机制来限制贵族，可能会演变成寡头政治或专制政治；同样的，如果没有适当的制约机制来限制平民，可能会演变成暴民政治。混合政体的优势在于能够避免在暴民政治和寡头政治之间陷入循环。在雅典战争期间，大量平民获得了处罚的权力，他们处死六名将军，削弱了雅典的军事能力，最终导致雅典败于斯巴达。

混合政体基于一种中庸的哲学原则，即两个极端都是不可取的，中间状态才是可取的。对于亚里士多德来说，民主并不构成一种原则，而是混合政体中的一个环节,一个机制,以及一个重要的组成部分。

亚里士多德认为,混合政体能兼顾穷人和富人的利益。如果一个政权只保护富人的利益而忽视了穷人,那将是行不通的。亚里士多德认为,必须将穷人与富人、财富与自由相结合,这是混合政体的核心观点。罗马发展了混合政治,以避免政治循环,从而实现了政治的稳定和长久。这一点在历史学家波里比阿的著作中得到了进一步的发展。他称赞罗马的伟大、辉煌和强大,认为罗马采用了混合政治体制,既体现了贵族统治原则,又体现了民主原则。[1] 这种混合政治传统一直延续至马基雅维里时代,他也提到了混合政治。马基雅维里专门探讨了一个城邦如何维持自身的自由,以及在选举之后人民如何监督被选举的官员。他提出了一个问题:人民有权罢免由其选举的官员,那么应该如何处罚腐败的官员?[2]

英国延续了这一混合政治传统,实行了混合宪政制度,通过平衡和制衡君主权力和贵族权力来维持政治稳定。美国也采用了混合宪政制度,继承了古希腊城邦民主选举的传统,并融合了瑞典的联邦制度,建立了一个大国宪政制度。回顾这段历史可以看出,民主的发展是一个混合的过程。了解这一历史原貌有助于我们理解抽签和选举的混合应用。

二、从亚里士多德的混合政体论来看《抽签与民主、共和》

我将基于上述观点来探讨王绍光的杰作。然而,我必须承认,王绍光可能并不完全赞同亚里士多德的理论,而且亚里士多德的理论本身也存在着一些缺点,尤其是缺乏大量实证支持。然而,王绍光对抽签和

---

[1] 波里比阿:《罗马帝国的崛起》,翁嘉声译,社会科学文献出版社2013年版。
[2] 尼科洛·马基雅维里:《论李维》,冯克利译,上海人民出版社2005年版。

票选的混合研究可以被视为对亚里士多德混合政体理论的一种有益补充和发展。尽管存在一些问题,亚里士多德关于混合政体的理论仍为我们提供了一个分析框架和理论视角。

王绍光的工作在理论上具有重要的意义,他一直关注抽签在官员选拔中的作用,并将抽签与民主紧密联系在一起,将其视为民主过程的一个核心环节。通过对抽签问题进行详细的历史考察,他对西方民主理论中过度强调选举而忽视抽签的观点提出了挑战。他的研究主要在经验层面上做出了贡献,并在理论上探讨了五种不同的模式。我的评论也主要集中在这五种模式上,并提出三点意见。

第一,让我们来看看王绍光对五个模式的理论总结:第一种模式是雅典民主模式,公民通过抽签来确定官员职位;第二种模式是罗马共和国模式,公民通过投票选举官员,然后再通过抽签来决定一部分官员(抽签的作用相对较小);第三种模式是佛罗伦萨共和国模式,公民通过投票审核合格人选,然后再从这些合格人选中通过抽签产生官员(抽签的作用更为重要);第四种模式是威尼斯共和国模式,通过抽签从贵族中产生选举团,然后由选举团进行投票选举官员(抽签的作用最为显著);第五种模式是现代民主模式,公民通过投票选举议员,而官员则由议员任命(抽签在这种模式中被忽略了)。

王绍光指出,票选并非与民主和共和制度有必然的联系。早期追求民主共和理念的人们已经认识到了票选的弊病,并且在实践中舍弃了票选这一方式,而主要采用了抽签制度(如雅典民主制度)。进一步,王绍光提出了两种抽签的理论模型:民主抽签和共和抽签。民主抽签是为实现民主而进行的抽签方式,它是一种赋权的过程和方法,即通过抽签来选取官员;共和抽签则是将抽签和票选结合在一起的制度,它在承认大多数人没有能力参与国家治理的前提下,限制了参政的范围和行为,其发展必然导致一种精英政治的形成。

我的第一个评论意见是,虽然理论家可以假设存在一种纯粹的抽签民主,但在历史上并没有这样的纯抽签民主模式。将雅典简单地概括为公民通过抽签产生官员的制度,似乎与王绍光书中第一章的描述不相符。事实上,雅典是一个混合体制,既采用了抽签,也采用了选票。因此,我认为王绍光提出的纯抽签民主这一理论形态是不存在的。抽签必须与选票、协商等其他形式相结合,才能发挥其民主功能。接下来,我将重新叙述王绍光书中第一章涉及的选票及其作用。

在王绍光的第一章中,他讨论了古希腊的三大机构:公民大会(由4000人至5000人组成)、法庭(6000人担任候选审判员)和议事会,它们都是通过抽签产生的。公民大会由约4000人至5000人组成,法庭由约6000人担任候选审判员,议事会则由500人组成。作者还探讨了选举在某些制度中的作用。王绍光提到,执政官(9人或10人)的产生是通过初选投票和终选抽签相结合的方式实现的,这种方式具有民主和寡头混合的特点。关于其他官员的产生问题,作者提到了抽选和票选两种方式。抽选涉及26个类别,共256人,占总数的3/4;票选涉及16个类别,共74人,占总数的1/5;还有3人是通过委任产生的。至于将军的产生,每个部落通过选举产生1名将军。在陶片放逐法方面,6000人通过投票决定是否放逐某人,并规定放逐期限为10年。此外,作者还提到了4个部落通过投票选出候选人,但并没有确定是抽选还是票选。在僭主政治时期,票选曾一度盛行,取代了抽选,但在公元前487年又恢复了抽签方式。综上所述,我们可以看出,在雅典的各种政治制度和活动中,票选得到了广泛应用,而不是完全依靠抽签产生官员,雅典民主的特点是票选和抽签的混合使用。雅典不是仅仅实行抽签,而是公职轮换、短期任期和抽签相结合,并在不同的背景下为不同的职能采用抽签和选举的混合方式。此外,古希腊人通过将随机抽签与协商民主相结合,制定了公共决策。通过500人议事会或陪审制度,由抽签选出的公民进行协商和审议,他们被赋予重要的公共决策权力。

第二,王绍光讨论了抽签的利弊,但他的理论没有详细探讨如何充分利用抽签的优势并克服其劣势,这是一个遗憾。接下来,我将对他的讨论进行综述,并提出一些批评意见。王绍光在书中讨论了民主抽签的巨大好处。他强调了以下四个方面:首先,相信民众具备治理国家的能力;其次,抽签确保了机会平等和代表性;再次,抽签难以被他人操控,有利于培养和发展人格平等;最后,他谈到了共和抽签的四大优势,即减少权谋、抑制派系斗争、促进公平和增强对政治体制的认同。此外,他还指出在大约10万人规模的城邦中,纯粹的选举制度容易受到家族势力的控制。他深入讨论了选举中的一些问题,如唱票和团体票。

在最后一章中,王绍光引用了古典理论家对抽签的批评观点,涉及了抽签可能存在的一些弊端。孟德斯鸠认为,抽签的价值在于让全体公民都有平等的机会为国家服务,但由于人性懒散,很难有效管理公务。卢梭认为,行政职务是一种沉重的负担,抽签可以将这种负担公平地分配给每个人。然而,抽签也可能导致不能胜任的人进入官员行列。只有通过竞争获得职位的官员才会更加谨慎地履行职责,而通过随机抽签获得职位的人未必会全心全意地工作。

我建议王绍光将抽签的利弊放在同一章讨论,而不是分开讨论。更重要的是,当我们意识到抽签的利弊时,我们应该考虑前四种模式中,哪种模式更有利于发挥抽签的优势并克服其劣势。从贤能政治的角度来看,官员的才能和专业技术应与其职务的属性要求相匹配。在罗马和佛罗伦萨的政治体制中,通过抽签产生官员这种方法限制了贤能政治的发展,对国家治理不利。相反,威尼斯的政治体制是通过选举团体的投票产生官员,通过竞选产生的官员相对有利于贤能政治的发展。随着人类政治社会的日益复杂和多元化,不同的政务需要不同方面的才能和技术来处理。这种趋势凸显了贤能政治的重要性,也使得通过抽签产生官员这种安排的弊端日益显现。王绍光提出了一个非常有趣且重要的问题,即前四种模式对寡头统治形态的影响。不同的顺序模式会产生不同的约束寡头的结果,通过随机选取官员的方式最难以形成寡头统治,但同时也最不利于贤能政治的发展。

王绍光大力提倡抽签民主,并详细探讨了抽签的优点,深入研究了选举制度存在的问题。然而,抽签是否真的能够避免他人的操控?举个例子,王绍光详细讨论了威尼斯共和国采用的四步抽签方法:首先,通过大会议从480名候选人中选出11人,然后通过抽签将这11人减少到4人,接下来由这4人选出41名选举人,最终由这41名选举人投票选出大公。然而,四步方法在1268年演变为更为复杂的十个步骤,为高级操控留下了空间。此外,十步骤法违背了政治运作要求简单可行的原则。

书中的案例大多涉及人口规模在十几万的城市国家。然而,一旦人口超过100万,如温岭有地方官员曾经质疑:抽签出几百人,在统计意义上是否还具有代表性?这个问题引发了我对抽签民主的思考。我有幸在2021年成为全球气候公民论坛的专家之一,这次经历让我深刻地认识到了抽签制度中存在的问题。在计算机程序抽选出的100名公民中,中国人和印度人各占14名,而许多其他国家却没有一名代表。此外,抽签制度还涉及教育问题。在古希腊,比如斯巴达,成年男性都要接受军事化教育,这使得每个成年男子多多少少都接受了一些语言和文化的学习。然而,如果这种制度不存在,那么被抽中的文盲如何进行国家治理呢？理论家可能会说，文盲可以学习如何治理，这不应该成为一个问题。然而，从治理的角度来看，抽签并未成功解决文盲治理国家的问题。

第三，我认为讨论五种模式应与政治制度相联系。例如，我们可以考虑它们与威尼斯的内阁、十人团、四十人委员会、元老院、大议会之间的复杂联系，以更好地理解亚里士多德所谓的"混合政体"，并把握抽签和选举在其中的地位和作用。通过这种方式，我们可以探索不同结合方式的稳定性和政治生命力。仅从抽签的作用大小来讨论这五种模式，只关注抽签的民主意义，会忽略政治生活中的其他重要问题，如治理和混合政体的政治艺术。

抽签的作用就像盐，区别只在于多放一点还是少放一点。然而，关键在于各种要素的搭配和互补。根据亚里士多德的混合理论，选举和抽签都是政体的要素，它们必须相互补充。抽签的好处在于可以打破贵族利益的垄断，而以一定财产为基础的公民选举则可以避免平民暴动。因此，对于王绍光总结的五种模式，我们应该讨论哪种模式更有利于避免政治循环、有利于政治稳定，而不仅仅是讨论抽签的作用大小或民主意义的大小。

当然，正如王绍光在书中提到的，罗马共和国的崩溃是因为权力双轨制的瓦解导致贵族和平民失去了平衡，他还提到了佛罗伦萨共和国在贵族和平民力量上的失衡。那么，这种失衡是否与抽签和选举的失衡有关呢？

三、中国新兴的混合实验中的抽签和选举

在讨论抽签和选举时，我们需要注意中国的历史和地方民主实践。在中国的现实生活中，抽签并不一定与民主直接相关。在日常生活中，

中国人可能会在寺庙里抽签算命。抽签通常是在资源有限的情况下采用的一种公平方法，比如在分配房屋时。在中国的贤能社会中，政治和社会治理一直强调任用有才能和有德行的人才。因此，通过随机产生的人来进行管理似乎在中国很难实现（当然，历史上也有一些少数民族采用抽签方法来决定管理者）。然而，通过随机抽选的人来讨论公共事务、表达民意是可行的。实际上，在过去十几年里，一些地方民主实验就采用了抽签的方法。例如，在温岭的民主恳谈实验中，通过抽签产生公民论坛，这一论坛并不是取代人大，而是作为对其的一种补充。这种温和的抽签民主方案更符合中国的实际情况。因此，中国的地方民主实验必须成为理论研究的课题。中国拥有自己的特色混合政治，并发展出了一种新的模式。在某种意义上，这种模式甚至超越了亚里士多德的理论，因为中国所面临的平衡工作实际上更加复杂，需要处理的事情更多。

四、结论

本次大讲堂的主题是"超越选举民主何以可能？"，这个主题非常出色。抽签被认为是一种超越选举民主的方式，许多学者和政治家都试图通过抽签民主来提升选举民主的质量。然而，抽签民主并不意味着要抛弃或忽视选举民主，而是要与之相互补充、相互增强，二者并非对立的。抽签民主的运作中也包含着选举的成分、内涵和意义，选举、公民和政治权利构成了抽签民主发展的基础。通过抽签产生的公民参与公共事务的讨论，最终决策仍需得到全体选民的认可。

抽签过去没有，今天也不可能完全取代选举。超越选举民主的方法，正如王绍光所说的，是将抽签与选举相结合，而关键在于如何搭配、比例如何、顺序如何，这是政治科学需要仔细研究的民主艺术。

今天我们如何谈论民主：反思、批判与想象力

景跃进

一、引言

在政治学中，对于政体的研究一直以来都围绕着民主展开讨论。无论是古代的希腊民主制度，还是近现代的代议制民主制度，民主都是一个备受争议的话题。对于民主理念和民主制度的全球传播以及由此产生的复杂性，不断为这场长久争论增添新的燃料。尽管"历史终结论"的声音时而高涨，试图成为主旋律，但在众多喧嚣中，它经常成为质疑的对象。同时，民主制度就像是一个不断修正、调整和变革自身规则的"小镇上的唯一游戏"，也需要与时俱进地进行话语阐释。

在民主话语的建构与反思的大剧中，中国政治学者的声音要么缺席，要么微弱得难以被听见，这一状况至今尚未有大的改观。晚清民初，中国学术界在学术移植和模仿的过程中，扮演了学生的角色，主要任务是照搬外国的理论和制度，缺乏独立思考。尽管当时也有本土化的意识存在，但由于各种原因，没有形成成熟而系统的结果。20世纪50年代，政治学作为一门学科被取消，直到80年代初才得以恢复，接着就进入我们这一代人的故事了。在我们这一代中，前辈的经历似乎以浓缩的方式再次循环，拿来主义依然是最为顺手的选择。

然而，历史不仅有相似的重复，也有关键性的转折。在21世纪，中

国政治学迈入了一个新时代,提出道路自信、理论自信、制度自信和文化自信的概念,虽然具有政治上的考量,但其意义自然波及学术领域。在这四个自信的基础上,中国政治学是否需要建立相应的学术自信呢?自21世纪以来,学科自主性问题被提出,本土经验在概念提炼和理论发展中得到探索,与主流理论对话的意识逐渐萌发,甚至产生了比较政治学知识体系的重构等一系列变化,这些构成了新时代中国政治学发展的新动力和新增长点。

这一新态势对中国政治学的长期发展将产生何种影响,尚需实践的检验。然而,有一点似乎是确定的,那就是立足中国、放眼世界,在民主话题上持续进行反思,并探索知识创新的空间,这既是中国政治学发展需要突破的瓶颈,也是难得的历史机遇。

在这一背景下,阅读王绍光老师的相关著作给人一种独特的感觉。在众多关于民主话题的中文著作中,绍光老师的文字别具一格。与大量的启蒙类读物不同,他的著作具有两个鲜明的特点:一是,他从严肃的学理立场对西方代议制民主进行了系统的反思和批判;二是,他主张回归古典民主精神,强调公民的直接参与,以突破基于选举的代议制民主的局限。这两个特点可以在西方政治学的知识传统中找到源头和传承,但绍光老师的文字不仅仅是简单的复述,在对抽签和选举进行详细研究时,他开拓了新的视角,对民主问题进行了一种全新思考。

作为一篇读书报告,我想从以下几个方面向大家呈现自己的阅读心得:首先,介绍绍光老师对代议制民主的反思与批评的理据和核心观点;其次,在反思和批评的基础上,探讨他提出的替代性方案;最后,对绍光老师的学术努力进行评价和思考。基于以上讨论,再做一个简要的小结。

二、对代议制民主的反思和批判

在代议制民主的批判领域,已经有大量的文字产出。面对众多刊本,人们有时不禁怀疑:还能有什么新的发言?要触及这个议题,需要有理论勇气,并且有独到的见解,以避免重复的学术探讨。在阅读《民主四讲》和《抽签、共和与民主》这两本书时,我不时受到视觉上的冲击。绍光老师在许多看似常识的论述中,讲述了一些与众不同的故事,使我们开始质疑我们曾经认为理所当然的事情。通读这两本书后,我有一种强烈的感觉:对于中国政治学领域来说,绍光老师的写作或将成为我们不可回避的一个重要参考。①

在对代议制民主进行反思和批判时,我们首先需要确定一个起点。绍光老师选择的起点是什么?他的观点是什么?简言之,他以古希腊民主为原型,以人民当家作主为标准。通过将古希腊民主与代议制民主进行对比,他凸显了代议制民主对原型民主的偏离或蜕变。这个选择为我们理解他的反思和批评提供了一个方便的切入点。因此,我们的讨论可以从一个基本问题开始:相较于古希腊民主,代议制民主发生了哪些重大的变化?

根据现有研究,随着古代城邦演变为现代民族国家,同质性共同体演变为异质性社会,政治方面出现了以下几个重要的变化:政治控制权或所有权与管理权的分离;从人民行使主权的政体(government by the people)变为人民作为权力来源的政体(government by the consent of the people);民主从"人民统治"变为"人民选择统治者",据此"人民"变成

---

① 我建议读者最好将王绍光老师的这两本著作与萨托利的《民主新论》一起阅读,由此可以产生一种思想上的张力,有助于培养学术逻辑思维能力,同时也可能激发出更多的学术想象力。

"选民","民主"变成"选主";"政治平等"的概念从"公职分配的平等"变成"选举权的平等";中介(代议制)的出现,直接民主转变为间接民主;统治与被统治关系的板结,出现了二分结构;抽签技术被选举工具取代;从积极自由转化为消极自由;公民政治演化为政党政治/利益集团政治。

在辨识这些变化时,我们可以看到人们在事实层面并不存在重大分歧,分歧主要出现在如何看待这些变化以及如何在理论上解释这些变化。这些分歧涉及对古希腊民主精神的理解和对民主本质的认识。因此,我们需要回答一个根本性的问题:在发生如此巨大的变化之后,代议制民主是否还能被称为民主?为了回答这个问题,我们可以进一步探讨以下四个子问题:第一,代议制民主对古希腊民主的偏离是否具有必然性?第二,在代议制民主明显偏离古希腊民主原型的情况下,为何仍将其称为代议制民主?第三,在民主原型与其衍生形式共存的情况下,我们如何确定民主的标准?第四,基于选举的代议制民主是否是当代民主的唯一形式?

在下面的讨论中,我们会发现要回答这些问题并没有想象中那么容易。为了便于叙述,我将提供两种基本的回答方式:一种是承认和肯定代议制民主并将其合法化;另一种则采取了批判和回归(超越)的立场。在这个分水岭上,绍光老师毫不犹豫地选择了后者。因此,在这两本书中您会看到以下文字的出现:

> 所谓"真正的民主"是人民当家作主的民主,而不是被阉割、经过无害化处理的民主。[1]
>
> 选举是代议制民主最重要的内容,我们完全可以把现在的"民主"叫作"选主"。[2]

---

[1] 王绍光:《民主四讲》,生活·读书·新知三联书店2008年版,第242页。
[2] 王绍光:《民主四讲》,第47页。

选主体制并不是真正的民主。①

当人们不再关心与抽签相比选举能否使公职在公民中平等地分布,不再追问现代代议机构如何分配作为稀缺物品的公职,从而陷入选举的谜思时,被他们认为是"民主"的体制实际上不是民主的正品,而是赝品。②

形象地说,如果"民主"原本是浓烈的二锅头,掺入"代表"、"议会"等糖水、香精、色素后,"代议民主"就变成了诱人的小香槟了。更准确地说,被"代议民主"劫持以后,"民主"的内涵已经发生了根本性的变化,它现在被用来表示在理论上和实践上都与古代雅典民主完全不同的政治制度,其中包括不少反民主的内容,如政治权利的放弃,将其转让给他人,而非自主地行使它。③

在上述段落中,我们可以观察到一些带有强烈感情色彩的否定性词汇,如"阉割""无害化处理""选主""赝品""劫持""反民主"。这些词汇表明,绍光老师对于代议制民主发生的变化持否定态度。他认为这些变化是根本性的,并使用了诸如"根本性变化""完全不同"等词汇来描述这种变化的程度。绍光老师坚守古希腊民主理念,即民主等于人民当家作主,并以此作为衡量代议制民主的标准。他认为,代议制民主与古希腊民主理念之间存在着多大的变化或差异,代议制民主离真正民主的距离就有多远。

三、替代方案:用抽签替代选举

学术史上对民主进行批评并非新鲜事,然而重要的是在批评之后

---

① 王绍光:《民主四讲》,第243页。
② 王绍光:《民主四讲》,第67页。
③ 王绍光:《民主四讲》,第46页。

提出什么样的倡导。在这个问题上,绍光老师有一个关键的思考:"我们是否应该不拘泥于现在大行其道的'民主'形式,探索更接近民主理念的、'更好'的政治体制呢?"[①]他给出了肯定的回答:我们需要超越西方式代议制民主,"从理论和实践上寻求'选主'体制以外实现人民当家作主的途径"[②]。

(一)回归人民当家作主的理念

在绍光老师看来,古希腊民主的精粹在于"人民当家作主"。在其论述中,"人民当家作主"不是一句简单的政治口号,而有特定的指涉,它意味着"统治归于人民"(人民直接统治),"由全体人民(而不是他们选出的代表)平等地、无差别地参与国家决策和进行国家管理"[③]。

"人民当家作主"这一概念涵盖了两个方面。一是"公职维度",要求所有公民轮流担任公职。通过抽签、轮职、短期任职的方式,每个人都有机会成为官员,既是统治者,也是被统治者,从而消除了统治者与被统治者之间的鸿沟。古希腊民主为我们提供了一个经典的人民当家作主的范例。二是"决策维度",要求所有公民直接参与政治决策。绍光老师的讨论同时涵盖了这两个方面,但他更加关注的是第一个方面,因为从逻辑上讲,决策维度可以视为公职维度的一种结果,而更重要的是,担任公职的机会平等和轮流执政成为争论的焦点,也是理解和评价代议制民主的关键所在。

既然古希腊民主的真谛在于"人民当家作主"、公职平等分配,那么能否在代议制条件下坚守古希腊民主的真谛,保持公职的平等分配?对此,绍光老师给出了这样的回应:"让我们回想一下民主的原意:人民

---

① 王绍光:《民主四讲》,"前言"第3页。
② 王绍光:《民主四讲》,第256页。
③ 王绍光:《民主四讲》,第2页。

的统治。即使由于规模较大的现代国家不能实行古希腊那样的直接民主,即使我们接受代议制的原则,即使公民不能人人都担任公职,直接参与政治决策,民主的原则至少要求所有公民都应有担任公职的平等机会。在不能实行直接民主的情况下,公职的平等分布本是民主的题中应有之义。"①

在此,绍光老师提出了一个十分重要的命题:在承认代议制原则下,恪守古希腊民主的精神——公民担任公职的机会平等。如何将两者结合起来?他主张"将抽签带回来"。

(二)用抽签取代选举

在代议制条件下,保有公民担任公职的平等机会,的确是一个富有想象力的方案,其政治正当性无人能质疑,接下来的问题是如何操作。绍光老师提出的方案是在代议制民主中引入抽签,用抽签来取代选举。许多学者在听闻或看到王绍光老师的著作时,第一个反应是怀疑的:为什么要花如此大的精力来研究一种被认为已过时的民主技术?但在绍光老师看来,只有抽签才能够充分体现古希腊民主的精神,实现人民当家作主。

既然如此,不妨用点篇幅来讨论一下抽签。绍光老师将抽签视为民主的技术(民主抽签),认为它可以纠正选举政治的弊端,保证公民担任公职的平等机会:"抽签制的优势无非是两点。第一,抽签对选举制下可能发挥作用的各种不公正因素可以釜底抽薪。在选举中,金钱与各种策略扮演的角色就是试图扭曲人们选择的结果。抽签等于彻底消除了操控选择结果的可能性。第二,抽签保证所有人都享有完全平等的担任公职的机会,让最普通的人也有机会从政,即使社会本身十分不

---

① 王绍光:《民主四讲》,第65页。

平等。"①"在抽签制下,每个人当选的机会是随机决定的、完全平等的。不管是什么人、拥有多少财产、受过多少教育、祖上有没有名人、长得好不好看、口才如何,所有人的机会是完全均等的。"②

在与选举的对比中,抽签凸显了平等和公正这两个基本属性。在古希腊,民主理念只有通过抽签才能实现。离开了抽签,就没有古希腊的民主;离开了抽签,人民当家作主的理念就无法落地。

从逻辑上说,用抽签选择代表(政治家)没有任何问题,因为抽签本质上是一种在资源稀缺条件下做出公正分配的方式。在绍光老师看来,这种方式不但适合于古代民主,也适合于代议制民主:"直到18世纪末,抽签在民主与共和制度中都扮演了极为关键的角色;缺少了抽签,古希腊城邦民主就不是民主了,罗马共和国、佛罗伦萨共和国、威尼斯共和国也就不是共和国了。""即使在现代世界,对于诊治漏洞百出的西式代议制民主,抽签恐怕也不啻一剂良药。"③"抽签是实现民主与共和理念的利器,对古代的民主、共和如此,对当代的民主、共和也理应如此。"④

在肯定抽签技术必要性和可行性的同时,绍光老师对抽签技术的绩效性也颇具信心:"我们不要忘记,现在世界各国法院的陪审团成员都是用抽签方式挑选出来的,担任陪审员是公民应尽的义务,如果被抽中而拒绝履行这个义务,还会受到处罚。陪审团的功能是决定被告是否有罪,关系到人的生死存亡。这种性命攸关的重要工作都可以由随机挑选的老百姓决定,其他还有什么事情随机挑选的老百姓不能决定?用抽签的方式实施代议制为什么不行?"⑤

---

① 王绍光:《抽签与民主、共和:从雅典到威尼斯》,第246页。
② 王绍光:《抽签与民主、共和:从雅典到威尼斯》,第246页。
③ 王绍光:《抽签与民主、共和:从雅典到威尼斯》,"前言"第Ⅺ页。
④ 王绍光:《抽签与民主、共和:从雅典到威尼斯》,"前言"第ⅩⅤ页。
⑤ 王绍光:《抽签与民主、共和:从雅典到威尼斯》,第247页。

(三) 基于抽签的代议制民主：一种新的政体（亚）类型

绍光老师用抽签实施代议制，这一观点的新颖之处在于，跳出了"直接民主与抽签""代议民主与选举"的程序思维，对传统的词汇组合方式进行解构，并探索新的组合方式，将抽签与代议制结合在一起，形成"代议制与抽签"这一新的概念结构。在我看来，这一新的词汇组合方式不但具有概念创新的价值，而且具有很强的理论意义。就逻辑而言，它在代议制民主的谱系中构成了一个相对独立的新分支或新亚类。

历史比较的视角有助于我们理解这一点。在"选举制度中抽签的位置"一图中，绍光老师为我们概括了自古希腊民主（以雅典民主为典型）至现代代议制民主演化进程中，抽签技术与选举技术所扮演的不同角色（图1）。

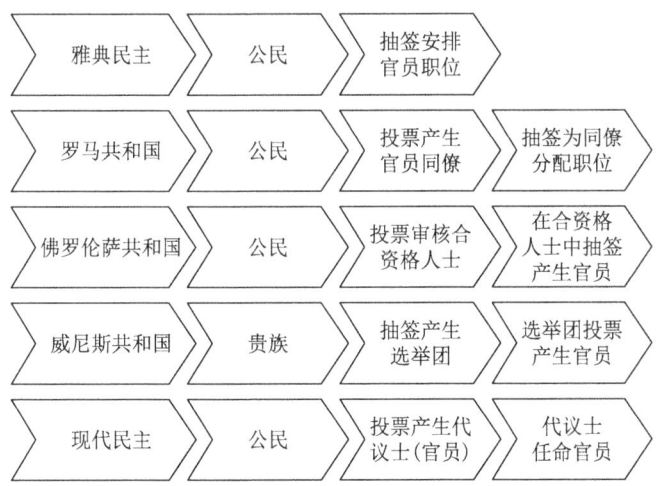

图1 选举制度中抽签的位置

资料来源：王绍光：《抽签与民主、共和：从雅典到威尼斯》，第370页。

在这张图中,绍光老师颇为谦虚,没有将自己的观点放进去。作为一名读者,我觉得应当弥补这个缺憾。如果说古希腊城邦民主的特点是"直接民主+抽签+公民(事实上)轮流担任公职"的三位一体,现代民族国家民主制度的特点是"代议制+选举+精英统治"的三位一体,那么绍光老师则为我们勾勒了一个新的三位一体:"代议制+抽签+公民(逻辑上)担任公职机会的平等。"这三个"三位一体"构成了不同的民主模式。对我们而言,最为重要的是,由此可以区分出两种不同的代议制民主模式:基于选举的代议制民主模式与基于抽签的代议制民主模式(表1)。

表1 基于选举和基于抽签的代议制民主模式之比较

		类型		
		古希腊民主	代议制民主Ⅰ（基于选举）	代议制民主Ⅱ（基于抽签）
属性	公民与公职的关系	公民轮流担任公职	公职职业化,通过投票选举分配公职	通过抽签分配公职
	政制技术	抽签为主	选举为主	抽签为主
	是否存在中介	没有代表	代表政治	代表政治
	是否存在统治-被统治结构	通过统治者与被统治者的轮换,消解结构	存在相对稳定的结构(少数人统治)	存在相对稳定的结构(少数人统治)
	民主类型	直接民主	间接民主	间接民主
	与古希腊民主的关系	—	同名不同系	同名同系,但有重大差别

四、抽签式代议制民主遭遇的难题

上文对绍光老师的核心观点做了极度简化的处理,留下的讨论空间是巨大的。在下面的讨论中,我想围绕以下四个问题展开:代议抽签能否实现公职机会平等的目标？在代议制民主条件下，追求担任公职的平等机会是可欲的吗？如何看待"人民当家作主"的理念？如何在理论上定位代议制民主？以此谈谈自己的一些阅读感想，也算是与王绍光老师的一种学术商榷。

（一）代议抽签能否实现公职机会平等的目标？

绍光老师主张"将抽签带回来"，将其运用于代议制民主实践之中，以实现公职分配的平等机会。严格地说，这一观点可以分解为两个层面：一是道德层面的主张，"所有公民都应有担任公职的平等机会"；二是经验层面的命题，"公职在公民中平等地分布"。作为一种道德主张，应在政治哲学中保留其相应的地位，不宜轻易否定之，毕竟生活在凡尘世界中的人们也要仰望星辰，需要脱俗的理想，哪怕是乌托邦；但其作为一个经验命题涉及稀缺资源的分配，能否做到公职的平等分配，不取决于人们的理想，而取决于现实生活的逻辑。

在此，绍光老师可能遇到的问题是两个层面之间的张力，表现为道义上或逻辑上的机会平等与经验上的机会不平等之间的矛盾。如果说古希腊民主通过抽签实现了公职公正而平等的分配，那么在代议制民主条件下，抽签技术却无法做到这一点。何以说此？因为此抽签已非彼抽签。

当我们说古希腊"民主抽签"技术的平等时，它包含完整的三个环节：第一，出发点平等，对所有公民一视同仁；第二，程序平等，所有人都得到同等的对待；第三，结果平等，保证每个人都能获得官职分配的份额。如果说存在差别，那么这种差别也只是任职时间先后的差别。由于任职先后的时间是由抽签决定的，因此这一差别是公正的，也是可以接受的。故而古典民主的抽签技术不但能满足平等的道义要求，也能满足平等的制度（程序）要求，还能满足结果平等的要求。

将抽签技术运用于代议制民主时，会产生怎样的结果？抽签平等的三大环节能否得到相应的体现？答案是否定的，因为结果一目了然。为什么相同的技术导致了不同的结果？① 关键在于规模。规模与数量有关，我们可以做一个简单的计算。如果要实现城邦民主的理想目标——通过人人为官/轮流任职的方式，消除统治与被统治结构，实现人民当家作主——那么在既定人口规模的情况下，每个公民能够担任公职的时间是既定的（且限制连任）。人口基数的规模越大，每个公民能够担任公职的时间就越短。随着公民人数的不断增加，最终会到达这样一个临界点：人数太多，以至于在既定时间内，无法满足全体公民轮流担任公职的需求——毕竟人的寿命是有限的，大多数人在轮到担任公职的机会之前就已经离开这个世界了。

政治共同体的规模效应不但体现在结果方面，也向前延伸到程序方面。古希腊民主的程序平等要求所有公民得到同等的对待，在具体操作上就是将所有公民都纳入抽选的范围，需要考虑的技术问题是如何避免重复抽选。在代议制民主条件下，抽签能否保证所有公民在程序上享有完全平等的担任公职机会？我的回答也是否定的。代议制民主下，任何有效的抽签都必须限定在特定的人群范围之内，这意味着伴随抽签实践的是各种条件的设置，其中每一种条件都意味着不同程度的排除。如果说小规模（城邦政治）是古希腊民主抽签技术有效使用的前提，那么大规模政治共同体则构成了抽签技术平等性的障碍。政治共同体的规模越大，这种障碍构成的压力就越大，被抽中的公民数量就越是"少数"。对于这一事实绍光老师并不否认："抽签制和协商民主虽

---

① 由此可见，抽签的技术功效不是一种客观属性，而与所运用的政体规模与政体类型有着紧密的联系。

然可以消除选举制中难以避免的政治不平等,但它们仍然是代议制的一种形式。不管多少人被抽中,不管多少人参与协商,他们都只能是人口的极小一部分。"[1]质言之,通过抽签可以让少数公民以最为公平(就现实条件而言)、最具形式代表性的方式担任公职,但是它既无法实现所有公民平等从政的目标(结果平等),也不能保证所有公民具有同等的从政机会(程序平等)。

就此而言,在现代民族国家/代议制条件下,无论是抽签还是选举,与其说是包容的手段,不如说是排斥的工具,只是形式不同而已。这一结果意味着,公民轮流担任公职这一古典意义上的人民当家作主已经不可能了,无论是采用选举还是采用抽签,都会导致相同的结果。两者都无法改变少数人统治这一基本事实,区别只在于选举的排斥具有偏向性,而抽签的排斥在表面上具有公平性。如果说选举政治领导人是"选主",那么经由抽签而出的领导人则可被称为"抽主",无论是"选主"还是"抽主",都以不同方式堵截了古典意义上"人民当家作主"的通道。这是大规模政治共同体的必然归宿,也是"规模逻辑"的必然之果。

(二)在代议制民主条件下,追求担任公职的平等机会是可欲的吗?

刚才讨论了代议制民主条件下抽签技术能否实现"所有公民担任公职的机会平等"这一目标,现在我们追问:这一目标本身是否全然合理?这一追求是可欲的吗?是否存在其他的价值因素和经验变量需要反思式平衡?之所以提出这样的问题,是因为现代社会与古代社会之间存在着巨大差异。对于政治学分析而言,以下两种差异具有非常重要的意义。

---

[1] 王绍光:《民主四讲》,第249—250页。

（1）专业性是现代社会的基本属性。与古代社会不同，现代社会是一个异质性社会，功能-结构的分化使"专业"成为现代社会的一个基本特征，这一点同样表现在政治方面。在各国现代化过程中，随着社会生活的日益复杂化，政府扮演的角色越来越多，承担的责任越来越重；与之相应，对政治家的任职要求也越来越高。在这种背景下，政治生活领域出现了两个重要的变化：一是在公职分配方面，选举替代了抽签，将人人担任公职转变为人人选择谁担任公职；二是在公职领域通过政治vs行政二分法，区分选举公职与考试公职——政府机构的官僚制化使公务员成为一种职业。在理论上可以将这些变化概括为"政治活动的专业化"。

专业性为政治生活提出了一个全新的问题：职业从事政治活动的人是否需要一定的资质？在政治本身成为一种职业，且只有少部分人能够担任公职的情况下，如何保证这少部分从政之人是合格的？在代议制民主条件下，这构成了政治学思考的一个基本问题。

在解决这个问题时，抽签采取的态度是"听天由命"（结果的随机性）。抽签有两个重要假设：第一，特定政治共同体内的所有公民同样重要，应得到无差别的、平等一致的对待；第二，公民都是理性的，都有能力承担公职。在相对同质且结构简单的古代社会，这些假设及相关实践不会产生大的问题，但在现代社会，若推行公民抽签、轮流执政则很可能带来巨大的政治和治理风险。

既然抽签有很大的概率将"平庸之人"或并不热心从政的人推上领导岗位，那么是否存在降低这种概率的工具？与抽签具有同样悠久历史的选举顺势走向政治舞台的中心。通过设置各种条件，选举提高了担任公职的门槛。尽管选举无法做到"胜者皆王"，且带来了绍光老师所批评的诸种弊端，但在从政者的专业性方面确实提供了比抽签更为有力的保障。这恐怕是选举能够替代抽签的一个重要原因,否则我们无法解释经验层面发生的现象。根据绍光老师的说法,18世纪构成了一个重要的历史转折点,这是一个选举技术彻底取代抽签技术的时代。无论是法国大革命时期,还是美国制宪时刻,有关在组建政府过程中使用抽签的建议基本上被忽视了,没有得到任何回应。[①] 在解释这一变化的原因时,绍光老师认为选举比抽签更有利于维护社会精英阶层的利益。[②] 这个观点并没有错。不过在我看来,专业性逻辑或许发挥了更为重要的作用。现代社会的专业性原则基本上排除了在政治生活中大规模运用抽签技术的可能,尤其在政治高层。

(2) 个人自由是现代社会的基本特征。古代政治生活的原则是共同体优先,古希腊公民可以进行抽签、投票,但他们没有现代政治意义上的个人自由选择。在现代化过程中,西方社会完成了从共同体到个人、从身份到契约的双重转换,个人主义或自由主义成为社会的主流意识形态。在人权观念的发展中,自由选择始终被视为最核心的要素。

不妨比较一下古典民主政治与现代民主政治在这方面的区别。在古希腊,参与城邦公共活动是一种特权和荣耀,公民生活的意义围绕着公共事务而展开。政治舞台的开放程度、官职任用技术、任期时间和期限、政治决策方式等,都具有重要的意义。在现代社会,公共事务和政治活动依然是重要的,但已不再是普通公民唯一的意义来源,甚至不是主要的意义来源。公域和私域的区分是现代社会的一个显著特征,无论是贡斯当的"古代人的自由 vs 现代人的自由"之分,还是伯林的"积极自由 vs 消极自由"之别,都揭示了公民生活重心的历史性转移。政治领域之外的广泛社会空间成为人们投放精力、追求幸福的巨大舞台。

[①] 王绍光:《民主四讲》,第52页。
[②] 王绍光:《民主四讲》,第53—54页。

人们对于成功和荣耀的标准产生了不同的看法，除了政治权力，商业活动中生成和积累的财富开始成为衡量成功与否的重要指标。在这种情况下，绝大多数公民对政治生活并无热情可言，更谈不上将其作为自己的价值追求目标。

如果说政治的专业性抬高了担任公职的门槛，那么基于公民权利的个体自由选择则在客观上将政治边缘化了，形成了所谓的"政治冷漠"或"理性忽视"。尽管这种现象让共和主义者痛心疾首，并认为是一种需要医治的政治疾病，但其长期存在是一种必须面对的经验事实。有的国家将公民投票权既界定为权利（可以放弃），又界定为义务（必须承担或履行），这尚可理解；但若在担任公职方面也采取类似的制度安排就有点匪夷所思了。如此一来，"担任公职的平等机会"这一观念在实践中很可能转化为一种政治强迫。这样的做法既否定了公民的择业自由（选择从政或不愿意从政是应该得到尊重和保障的个人自由），也可能带来国家治理的灾难。如果这一描述是现实的，那么"担任公职的平等机会"这一理念的可欲性便需要打上一个大大的问号。

（三）如何看待"人民当家作主"的理念？

如上所述，绍光老师恪守民主本意，将"人民当家作主"等同于所有公民轮流担任公职、从事政治决策。这一处置方式在理论上和道义上可以自洽，问题是现代政治共同体的规模，使得公民轮流担任公职及直接从事政治决策不复可能，现实可行的唯一形式是代议制民主。价值与经验之间的张力会导致一种内在的矛盾，如果将绍光老师的叙述逻辑贯彻到底的话，产生的一个可能结果是："人民当家作主"这一术语将被收入政治词汇的历史博物馆，成为陈列的展品，而不是活生生的语言。

就民主话语的建构而言,在民族国家成为政治共同体普遍形式的情况下,如何对待古希腊民主的遗产,有两种不同的概念策略可以选择:(1)既然在代议制条件下无法实现古希腊民主理念(民主=人民当家作主=公职轮流+直接参与政治决策),那就放弃它,采用其他术语来自我命名;(2)虽然实践发生了重大变化,但人们沿用古希腊的民主术语,根据新的情况对其进行必要的调适——给民主添加形容词并对其作出新的阐释,以与时俱进的方式建构民主话语的知识谱系。

第一种策略是另起炉灶,干净利索,至少不会出现术语滥用、概念误解、意义混淆等问题;第二种策略是旧瓶装新酒,虽免去了发明新词的麻烦,但易引发术语的意义之争。从历史来看,西方人选择了第二种方式。据说1777年汉密尔顿发明了"代议民主"一词用于描述美国的共和政体①,由此"民主"一词经历了一个复杂的演化历程。在这一过程中,直接民主/间接民主二分法的建构标志着民主一词完成了双重蜕变:从贬义到褒义的词性之变,以及从古典到现代的意义转型。在此,民主词义的连续性与断裂性同样显著。

这一术语选择策略构成了我们今天思考民主问题的知识背景和逻辑起点,但同时也不得不承受由此带来的代价——关于民主概念/理论的"诸神之战"烽火连天,民主实践的范围越是广泛,这种争论就越是激烈,民主的意义世界也就越是丰富,也可以说越是"杂乱"。

回到我们所讨论的具体语境:一旦摆脱了"民主=人民当家作主=公民轮流担任公职+直接参与政治决策"的思维定式,在代议制民主条件下,我们应当如何阐释"民主"/"人民当家作主"的理念?应当将这一理念安置在什么样的基础之上? 在此,我们需要面对基于功利主义的

---

① 王绍光:《抽签与民主、共和:从雅典到威尼斯》,第399页。

古典民主理论,以及熊彼特(Joseph Schumpeter)对古典民主理论做出的修正。古典民主理论假设"'人民'对每一个问题持有明确而合理的主张,在民主政体中,人民以挑选能保证他们意见得以贯彻的'代表'来实现这个主张。这样,选举代表对民主制度的最初目标而言是第二位的,最初目标是把决定政治问题的权力授予全体选民"①。在批判古典民主理论的基础上,熊彼特建议:"假如我们把这两个要素的作用倒转过来,把选民决定政治问题放在第二位,把选举做出政治决定的人作为最初目标……民主方法就是那种为做出政治决定而实行的制度安排,在这种安排中,某些人通过争取人民选票取得做出决定的权力。"②

这确实是一个大胆的想法。到了熊彼特所处的时代,西方民主话语的版式已经完成了一个"三级跳":古希腊民主是"公民轮流担任公职+直接参与政治决策";进入民族国家时代,古典(代议制)民主理论的核心是"人民主张(意志体现)+选举代表实现人民主张";熊彼特民主理论的核心则是"选举政治家+政治家代表人民做出政治决定"。在这一演变趋势中,普通公民离民主的核心(担任公职与政治决策)越来越远,中介(代表)的作用越来越大;政治家的角色越来越主动,普通公民的角色则越来越被动。不难看出,西方民主的发展过程就是普通公民被不断边缘化的过程。

在这种情况下,代议制民主何以被称为"民主"? 基于上面的叙述,对这个问题的回答显然不可能是积极的。在远离古希腊民主传统的语境下,消极角度的解释虽然不令人满意,但也提供了相应的说法:坚持人民主权原则,亦即一切权力来自人民(from the people),别无出处;一切权力为了人民(for the people),别无他求。在现代民族国家条件下,人民主

---

① 熊彼特:《资本主义、社会主义与民主》,吴良健译,商务印书馆1999年版,第395页。
② 熊彼特:《资本主义、社会主义与民主》,第395—396页。

权原则构成了代议制民主的基石,并具体体现于公职和政策两个维度。

公职维度的要求可以通过正反两个命题来加以呈现:正面是公职的开放与竞争,反面是否定权力世袭制、职务终身制。一切权力来自人民,并不要求担任公职的机会平等,但要求维护和保障政府职位的公共性,正反命题的功能正在于此。"一切权力为了人民"则意味着,担任公职的官员不但要对民众的需求做出回应,而且其行为是可问责的,需要接受来自人民的评价。

在政策维度,人民主权的意涵体现在广泛的公民参与上。在"公职轮换"不复可行的情况下,公民政治参与的重心转向了公共政策领域,诸如全民公投(referendum)、行政民主(administrative democracy)、政策民主(policy-process democracy)、协商/审议民主(deliberative democracy)、全过程民主、信息公开等,都是与政策相关的术语表达。用官方话语来说,除了选举民主,还有决策民主、协商民主、管理民主、监督民主。因此,民主化的推进并不局限于公职领域,在政策领域深化公民参与同样重要,无论是扩大公众参与的人数,还是扩大公众参与的范围,皆是如此。

(四) 如何在理论上定位代议制民主?

在如何看待代议制民主的问题上,绍光老师的两种表述值得关注。

一是将选举民主与代议制民主等同起来。在他的两本书中,对选举民主的批判与对代议制民主的批判没有明确区分,两者在很大程度上是一回事,故而对选举民主的批判直接导致对代议制民主的否定性评价:"不少人鹦鹉学舌把代议民主称为'间接民主',好像它与'直接民主'都是'民主',只是类型不同。其实,民主一'间接'、一排斥人民大众的参与,它就抛弃了民主政体的实质,变成了另一种政体,非但可能是不民主的,而且可能是反民主的。难怪有些思想家质疑'代议民主'到底是不是够格被冠以'民主'这一令人尊敬的称号。"①

二是在面对无法超越代议政治的现实时,对其接受更多地出于一种无奈:"即使由于规模较大的现代国家不能实行古希腊那样的直接民主,即使我们接受代议制的原则,即使公民不能人人都担任公职,直接参与政治决策,民主的原则至少要求所有公民都应有担任公职的平等机会。"②

上述两种表述之间存在着明显的不和谐之处,这说明在基本概念问题上,有进一步澄清的必要。这应该是另一篇评论的主题,我在此想强调以下三点。

第一,代议制民主是一个高阶范畴。在概念的金字塔结构中,"代议制民主"是一级概念,"选举民主"(基于选举的代议制民主)、"抽签民主"(基于抽签的代议制民主)是二级概念,是代议制民主的不同表现形式。因此,批判"选举民主"(基于选举的代议制民主)与批判"代议制民主"在逻辑上/概念上不是一回事。对基于选举的代议制民主的批评,并不意味着否定代议制民主;同理,主张超越"选举民主"不等于超越代议制民主。

第二,代议制民主的必然性与普遍性。对于大规模政治共同体而言,代议制民主的出现是不可避免的。不管如何批评它,以及如何修正它,终归取代不了它。代议制是现代民主政治须臾不可离的基本框架,是人类政治/治理智慧的结晶,是具有普遍意义的制度设置。在民族国家框架下,只要实行民主制度,代议制便是不二法门。至少到目前为止,我们尚未找到在经验层面能够超越它的替代性制度。

---

① 王绍光:《民主四讲》,第47页。
② 王绍光:《民主四讲》,第65页。

第三，代议制民主的历史性与开放性。在起源上，代议制与民主不是一回事；在君权衰落、人民主权学说流行、普选权扩展的过程中，传统的代议制逐渐开始与民主相结合，并在各国形成不同形态的代议制民主。必须强调的是，代议制与民主的这种结合不但是一个特定的历史过程，而且是一个尚未终结的过程。在非西方国家迈向代议制民主的历史进程中，我们完全可以想象代议制与民主相结合的其他方式。在这个意义上，任何形式的"历史终结论"都应当被终结。

五、对民主问题的思考需要想象力

在对代议制民主的诸多反思与批判中，绍光老师的分析进路与立论方式给人留下了深刻的印象。尽管不能说是独辟蹊径，也不能称其为首创之见，但绍光老师在这个问题上的系统研究及推进程度是显而易见的。虽然其系列写作的计划尚未完成（我们期待计划中的其他两卷能够早日完成并顺利出版），然就目前已经达成的成果而言，其观点已蔚成一家。因此，我将其"代议制＋抽签"主张视为代议制民主的一种新亚类。

在某种意义上，民主的发展史就是一部不断"偏离"甚或"异化"民主本意的历史。具体而言，两个过程尤其值得关注：一是西方文明内部从古希腊城邦民主到近现代民族国家代议制民主的演化过程中所发生的巨大嬗变，我在第一节以比照方式简要勾勒了这一变化；二是西方代议制民主在跨文化语境下的全球传播/扩散过程中发生的诸种演变，出现了不同于西方（基于多党竞争选举的）代议制民主的亚类型，由此形成了当今民主的多元而复杂的谱系。绍光老师讨论了第一个过程，其中需要回答的两个核心问题是：(1)如何理解"选举民主"，亦即基于选举的代议制民主？(2)能否用"代议制＋抽签"的方式超越"选举民主"，实现公职分配的机会均等？他在两个层面依次展开对"选举民主"的批评：一是制度/体制/政体层面的批评，总的基调是贬低代议制民主（间接民主），褒扬古希腊民主；二是技术层面的批评，贬低选举，褒扬抽签。基于这些批评，绍光老师主张回归古希腊民主的本质，从"选主"返回"人民当家作主"；实现这一目标的技术手段是"将抽签带回来"，用抽签取代选举。因此，其核心观点可以概括为一句话：在维持代议制条件下，通过抽签来实现人民当家作主。我从四个方面对绍光老师的思考做了力所能及的回应，其中不少说法是老话题，但也有一些是新的挑战，与我们所处的时代有关，与我们当今的问题意识也有关。

如果我们将目光转向第二个过程——西方代议制民主在全球的扩散——类似的问题以类似的方式再次呈现：非西方国家在学习/借鉴西方政治文明过程中，根据自身国情做出的制度安排，应当如何看待？是将其作为民主广谱中的不同亚类，还是用"民主vs威权"二分法来加以排斥？这一设问又将民主的标准问题凸显出来了。绍光老师对"选举民主"的批判基于古希腊的民主标准，西方政客与学者将中国视为"威权政体"是按照今天所谓的西方选举民主的标准。看来在全球化的当下，标准问题是关键之所在，从技术到制度都是如此。拥有原初发明权的主体力图维持对自身有利的"经典标准"，这一做法或许是可以理解的，但未必是有道理的，更不是符合真理的。正是在这里，不同话语权的争夺乃不可避免之事。对于这一竞争，我们无法用"价值中立"或"客观学术"的态度来加以悬置。

在这个问题上，我采取的立场是包容的。一方面，不能因为代议制民主不能满足公职平等分配的要求而否定其民主性。在我看来，恪守古典民主的立场/原则并不能解决问题。如果我们站在某种道德制高点，对西方民主进行批评，将其归为假民主之类，而实际上无人能够做到所谓的"真民主"——公民担任公职的机会均等——那么这种批评即使畅快淋漓,也不具有真正的意义,因为它不能为我们提供切实的、改善人类政治状态的解决方案。正确而现实的做法是,对原典的民主概念做出与时俱进的调整和修改,以适应新的情况。另一方面,同样重要,或许更为重要的是,不能因为中国没有实行西方意义上的多党竞争制而否定其作为民主新亚类的可能性。到21世纪中叶,中国将实现"国家治理体系和治理能力现代化"的目标。基于中国社会主义民主政治的实践,我们完全可以对民主概念作出第二次调整和修改,以适应民主全球化的基本趋势和复杂现实。在这个意义上,我们今天讨论绍光老师的著作(尤其是关于超越西式选举民主的相关论述),具有非常重要的学术价值和现实意义。在思考民主问题时如何发挥学术想象力?绍光老师的著述为我们提供了一个榜样性的案例,对绍光老师观点的商榷并不能遮蔽这一闪烁之点。

最后我想引用绍光老师的一段话作为这篇读书报告的结束:"(我的写作)不是为了证明抽选是实现民主理念的唯一正确方式,也不是为了证明选举一无是处。在不同的时代、不同的历史文化背景下,实现民主理念也许可以采取很多种甚至无数种方式,根本不存在某种唯一正确的方式,选举不是,抽选也不是。推进民主应该多轮驱动,不应单轮驱动。如果这本书……有助于释放大家对民主理念实现方式的想象力,我的目的就达到了。"①

---

① 王绍光:《抽签与民主、共和:从雅典到威尼斯》,"前言"第XXI页。

中国协商民主的双重特性

郎友兴

一、引言：对中国协商民主难以单向归纳与定位

王绍光教授在《抽签与民主、共和》一书中，以翔实的史料和严谨的分析证明，人类社会早期（希腊城邦、罗马共和国以及佛罗伦萨共和国、威尼斯共和国）的民主不是什么选举民主，而是抽签民主。这本著作的确丰富了人们对于西方民主的认识，在某种程度上影响了中国人对中国民主政治的认识。不过，在早期希腊，除了抽签、选举外，还存在协商这种民主形态。根据美国斯坦福大学费什金（J. Fishkin）教授的研究，古希腊很早就有了协商民主。但是，王绍光教授的著作并没有涉及古希腊协商的议题。当然，我并非要对古希腊的协商进行讨论以补充《抽签与民主、共和》，而是由此引出如何定位当下盛行于中国的协商民主。尽管国内学者对中国协商民主的特性或特征做过一些归纳、总结，但是在这些归纳、总结中，有些所谓的"特征"其实并非特征，更主要的是没有从协商民主本身出发进行分析。这些归纳有着鲜明的价值取向，这些并非不恰当，只是不足以挖掘出中国协商民主内在的特质。导致这些不足的归纳与分析的一个主要原因就在于，这些论者没有从中国协商民主的双重性展开分析讨论。

不过，首先，中国的协商民主，难以用西方协商民主理论来分析定

位,更难以用西方协商民主经验实践加以对照。加拿大马克·沃伦(Mark Warren)教授坦言,西方国家和中国在很多方面存在巨大差别,不管西方理论多么强调多维度的民主,但它仍然可能局限于西方民主的框架,依然是非常接近西方标准的民主理论。① 其次,中国的协商民主也难以一味地以所谓的"中国传统协商经验"来追溯、寻找其社会文化的源头。澳大利亚迪肯大学何包钢教授等曾经对于中国传统协商做过分析,认为中国古代政治实践包含着强压与言说两种治理模式,在治理方式中就已经包含了协商元素,并且提出"从儒式协商的历史和问题的角度,对西方的协商进行概念性修正,并注重协商的本土资源"②。最后,中国的协商民主恐怕也难以从政治协商维度加以界定。如果将协商仅置于人民政协内部的话,只限于政协在中国政治生活语境下的性质,确实存在协商民主与政协的政治协商的巨大差异。此外,难以单纯从协商维度来看待中国的协商民主,也难以单纯从民主维度来看待中国的协商民主。这些"难以"在于,中国的协商民主具有多维的双重性——至少有四个维度的双重性(two-fold characteristics),我将从四个方面(协商目的与动机、协商手段、协商功能、协商内容)来分析其双重性。

二、中国协商民主的特性:四个维度的双重性

人民当家作主,是中国民主的初心。中国的协商民主作为中国民主独特的、独有的、独到的民主形式,就是要让中国人民真正实现当家作主的民主权利。那么,我们不妨从目的与动机、手段、功能及内容四

---

① 刘玲斐、张长东:《协商民主理论及其局限:对话马克·沃伦教授》,《国外理论动态》2016年第1期。
② 何包钢:《通往国家治理现代化:协商民主的新路径》,中国社会科学出版社2021年版,第4—5章。

个方面对中国协商民主的特性加以归纳、分析。

（一）基于协商目的与动机的双重性：吸纳性的权力分享与分摊性的责任机制

美国加州大学圣地亚哥分校史特朗姆等教授曾经将利普哈特提出的权力分享（行政权力的分享和族群自治）[①]再分为可以具有操作性的包容性（inclusive）权力分享和分散性（dispersive）权力分享两种。[②] 史特朗姆的包容性权力分享，强调的是多个党派或团体对特定政府机构或决策过程的参与，如为少数民族在立法或行政机关保留席位。分散性权力分享制度按照区域或社会集团下放决策权，联邦制就属于典型的分散性权力分享制度。从这个分类来看，中国式协商民主是一种吸纳性的权力分享，但不属于决策性的权力且又有着分摊性的责任。中国的协商民主旨在决策咨询，而不在于最终的决策，协商者不是最终的决策者，而只是公共讨论的参与者，他们主要是表达自己对公共议题的意见，对于最终的决策也有一定的影响。这一点实际上符合哈贝马斯对协商过程是包容性的、公共性的看法。在他看来，原则上没有任何人可以被排除在外，凡是有可能被决策影响到的人都有同等的机会参与到协商过程中。

为什么要吸纳民意？主要原因在于中国社会的多元化以及社会利益的分化与冲突。为此，需要设计出一些新的权力分享制度和实践，以便吸纳社会力量，听取社会声音，解决问题，削减冲突发生的可能性。

[①] Arend Lijphart, "Multiethnic Democracy", in *The Encyclopedia of Democracy*, Seymour Lipset ed., Washington, DC.: Congressional Quarterly, 1995, pp. 853-865.

[②] Kaare Strøm, Scott Gates, Benjamin Graham, Håvard Strand, "Inclusion, Dispersion, and Constraint: Powersharing in the World's States, 1975-2010", *British Journal of Political Science*, Vol. 47, No. 1, 2017, pp. 165-185.

中国共产党有多种吸纳民意、汇集民智的渠道和方式,协商只是其中一种,不过是近来最引人关注的一种。例如,源于温岭市的民主恳谈会和随后的参与式预算,旨在听取老百姓对公共项目、政府财政预算的意见;通过协商,将社会精英的意见、第三部门和社会运动的声音、普通民众的诉求与"民智"吸纳、汇集到政治决策程序之中。这种吸纳的主要功能在于咨询,但依然有着别的作用:第一,表明来自国家对民心民意的重视与回应性(accountability),回归执政正当性的民意基础。第二,一种平衡治理术。这有两个方面的意思:一是平衡治理专业主义(professionalism)和技术主义的倾向,越来越多学者开始强调,有效治理需要具有专业化的人才和技术,尤其是网络技术,所以需要一个平衡;二是中央或上级通过协商机制,借助民意的力量和支点增加对地方和下级政府制衡的机会与能力,从而达到控制与自主的平衡目标。

西方的"协商民主"(deliberative democracy)包含"慎思"(consideration)和"讨论"(discussion)的意思,而中国的"协商民主"(consociational democracy)中的"协商"具有咨询(consultation)、商议(negotiation)和讨论(discussion)的意思,其中的具体内容和制度有较大差别。西方的 deliberative democracy,其 deliberation 的过程是一个在适当讨论之后个人依据其学识和良知,在对相关证据和辩论进行充分思考的情况下决定支持某一集体行动的过程,它反对为了个人或团体利益而讨价还价,其具体内容与中国的协商民主有很大区别。与西方协商相比较,中国协商在集体中进行,或者说更突出的是集体协商机制。正如燕继荣教授所指出的,"对于中国来说,开发以团体为单位的协商民主而不是以个体为单位的选举民主可能更有价值"[①]。可以说,

---

① 燕继荣:《协商民主的价值和意义》,《科学社会主义》2006 年第 6 期。

西方的协商民主是回归到直接民主,至少从精神到形式复归到古希腊时代;而中国的协商民主则是间接的直接民主,因为集体的理性与目标胜过个体的自主性。这与中国协商民主的文化传承有关联,这个关联就是中国"和"文化或思想。"和"文化或思想在政治价值观念上的重要表征,就是在面对公共利益时,弱化个人利益的尖锐表达而强调公共性。

与此同时,中国的协商民主还具有一种责任分摊的机制。实际上,协商讨论本身就是一种责任分担的过程,旨在以最小化社会总成本的原则来实现责任的分摊。在协商过程中,各方试图在协商者或其代表的人群中合理地分担整个协商事项所要承担的责任和义务,以达到大家都能接受的分摊方式,尽管这种分摊并非强制性的。这实际上符合哈贝马斯对协商过程的两个观点:第一,协商是排除外在强制的,对参与者具有约束力的只能是交往的预设(语用学上的预设)和协商的规则;第二,协商排除了任何可能损害参与者平等参与的内在强制,比如一个人若具有奴隶心态,只是接受别人的观点,而不能平等参与讨论,这种情况在协商中是被排除的。[①]

(二)基于协商手段的双重性:动员、整合与合作

由上面的双重性可以推导出,吸纳性的权力分享依赖于动员或整合的手段,分摊性的责任机制则要求协商者的合作。

中国协商民主的合作性特征是明显的,这同中国文化特性有一定的关联,因为中国传统的"和"文化或思想使中国的协商民主导向合作。中华民族自古就有"和"的文化传统,强调和为贵,主张不同事物在共生

[①] 哈贝马斯:《在事实与规范之间:关于法律和民主法治国的商谈理论》,童世骏译,生活·读书·新知三联书店2020年版。

中的统一与和谐。"和而不同"的中华智慧强化了合作型博弈,能兼顾公平、效率并最利于遏制对抗、管理冲突、增强合作;而现代的协商民主讲究平等对话、理性协商,从多元利益中达成共识。以"和"为核心价值的传统政治文化对多样性、多元化的肯定以及对多元共存和发展的强调,与现代民主政治的基本精神具有一定的契合性,这种文化基础为协商民主政治的确立提供了良好的精神资源和文化背景。①

然而,需要指出的是,中国的协商民主在很大程度上呈现出被动型的特点,这也不可避免地带有某种动员的色彩。特别是在基层治理中,被动型和动员型的协商民主仍然普遍存在。正如詹姆斯·R.汤森(James R. Townsend)等人发现的,在改革开放前的几年,中国面临着一种制度化运动的悖论,即改革意味着中国生活的常规化,但却需要通过动员的方式实现。②

协商民主在这方面也不例外。当前,中国各级公共权力部门通常通过动员的方式来吸纳民意和集聚智慧。琳达·维斯(Linda Weiss)、约翰·M.霍布森(John M. Hobson)曾探讨过国家的三种力量,分别是渗透力量、汲取力量和协商力量③,有学者将这三种能力归为迈克尔·曼的"基础性权力"④。如果我们从这个角度来分析中国70多年的历程,可以看到其渗透力量和汲取力量一直十分强大,而协商能力却相对较弱。因此,可以说中国是一个强政府-弱社会国家。然而,目前中

---

① 林尚立:《协商政治:对中国民主政治发展的一种思考》,《学术月刊》2003年第4期。
② 詹姆斯·R.汤森、布兰特利·沃马克:《中国政治》,顾速、董方译,江苏人民出版社2003年版,第117页。
③ 琳达·维斯、约翰·M.霍布森:《国家与经济发展:一个比较及历史性的分析》,黄兆辉、廖志强译,吉林出版集团有限责任公司2009年版。
④ 迈克尔·曼:《社会权力的来源》第2卷,陈海宏等译,上海人民出版社2007年版,第68—69页。

国正在积极努力构建协商能力,这是中国协商民主政治建设中社会层面的重要能力,也是国家治理体系和治理能力现代化的关键之一。协商能力通过协商机制来动员和整合政府、社会及市场等各方力量,使之参与到国家或地方的治理过程中。协商具有协调和团结的功能,能够有效整合多元主体的参与,在实现多元社会整合方面发挥重要作用。因此,协商成为实现多元社会整合的重要动力。在中国,尤其是在基层,协商民主具有重要的作用:一方面,它是党和政府动员、发动和组织群众的重要渠道,依靠群众力量来实现社会的共同治理;另一方面,中国积极推进协商民主的原因之一在于,协商民主有利于整合社会关系,减少社会矛盾,扩大社会共识,发挥形成共识和整合协调的作用。中国主流或官方意识形态认为,多党竞选制度往往会追求"赢者通吃",导致利益冲突加剧、分歧扩大;相比之下,协商能够找到最大"公约数",促进共同利益的形成。中国共产党希望通过发挥社会主义协商民主的重要作用,广泛团结各民族、各政党、各阶层和各方面的人民,汇聚各方力量,形成推进国家治理体系和治理能力现代化的强大合力。

当然,需要明确的是,协商民主的动员和整合方式与传统的社会动员机制存在明显的区别。传统的社会动员机制通常是由党政机关自上而下进行的,以层级式的单向推进为主。

(三)基于协商民主功能定位的双重性:工具性与价值性

工具性和价值性的问题,实际上涉及协商民主的核心要素。关于协商民主的重心究竟是协商还是民主,人们的看法存在差异。"协商民主"是一个专有名词,还是"协商"和"民主"的组合?作为民主理论的一种新转向,协商民主的重点是协商还是民主?约翰·S.德雷泽克(John S. Dryzek)指出,民主走向协商,彰显了人们对民主真实性的持续关注;人们关心的是民主控制在多大程度上是实质性的,而不仅仅是象征性的,并且希望公民能够参与其中。① 由此可以说,协商民主的重点实际上是民主,而协商只是一种手段或策略。佟德志教授研究发现,在中国的城乡社区中,协商被认为具有很强的民主性,并展现为一种新的民主治理模式。在中国城乡社区中,协商过程明显赋予了自治组织和居民主体的权力;同时,这种协商过程在认识表达、协商内容确定以及协商结果的使用等方面也具有明显的民主特征,体现了一定的民主价值。然而,佟德志教授也强调了协商民主与治理的联系。他认为,如果只注重民主而忽视政府、企业等各主体以及法治和市场等因素的作用,就有可能忽视城市和乡村社区的灵活性和有效性,对城乡社区开展协商民主不利。

当然,更好的选择应该是辩证的思维,是"兼具",即中国协商民主兼具民主与治理的双重性,既是民主的一种实践形式,又是治理的一种实现形式。② 作为民主的实践形式,"协商民主是一种强调程序性和过程性的治理型民主形式"③。作为治理的实现形式,协商民主又表现为一种民主型治理:"平等、自由的公民借助对话、讨论、审议和协商,提出各种相关理由,尊重并理解他人的偏好,在广泛考虑公共利益的基础上,利用理性指导协商,从而赋予立法和决策以政治合法性。"④中国协商民主是治理型民主和民主型治理的统一。

因此,如果将协商民主的功能定位于协商,那么这是工具性定位;如果将协商民主的功能定位于民主,那么这是价值性定位。前者趋于

---

① 约翰·S.德雷泽克:《协商民主及其超越:自由与批判的视角》,丁开杰等译,中央编译出版社2006年版,第1页。
② 易承志:《协商民主、国家建设与国家治理》,《学术月刊》2016年第3期。
③ 余华:《以协商民主推动人民民主的发展——浙江民主政治建设的经验启示》,《浙江学刊》2013年第2期。
④ 陈家刚:《生态文明与协商民主》,《当代世界与社会主义》2006年第2期。

治理的面向,后者趋于民主价值的面向。

一是趋于治理的面向。在分析西方协商民主的动力因素时,功能主义者如德雷泽克认为,协商民主的主要功能是提高国家治理能力,协商民主有助于提高政府面对复杂问题的治理的能力(capacity),如协商民主可以缓解社会矛盾。[1] 而费什金教授认为,协商民主有利于促进互信、扩大共识,从而有助于控制和缓和社会矛盾。[2] 何包钢、马克·沃伦也认为,中国的协商民主同样具有鲜明的功能主义特征,各级政府主导的协商民主实践的主要目的在于解决政府治理困境,政府借协商民主制度提高政府治理能力、缓解社会矛盾、降低社会治理风险。[3]

然而,需要指出的是,中国的协商民主具有中国特色,是由地方治理精英推动的。因此,地方领导的意愿和决心成为协商民主产生和发展的重要因素。对于大多数务实的地方政府而言,是否选择或推进协商民主制度取决于其能否解决当地经济社会发展中出现的问题。因此,中国的协商民主在很大程度上趋向于治理导向,超越了单纯的民主价值。它展现的是协商民主之工具理性的一面,旨在追求治理绩效。从这个角度来看,中国的协商民主可以被视为一种工具性的治理机制。它以问题为导向,旨在解决问题,然后通过协商寻找新的合法性。尽管我们使用了"协商民主"这个术语,但实际上,这种民主形式已经成为一种约定俗成的使用方式了。

二是趋于民主价值的面向。西方协商民主可以被视为对工具性选举民主的批判性反思,旨在修补和完善竞争民主。它希望通过回归直

---

[1] J. Dryzek, S. Niemeyer, "Reconciling Pluralism and Consensus as Political Ideals", *American Journal of Political Science*, Vol. 50, No. 3, 2006.

[2] J. Fishkin, R. Luskin, "Experiment with A Democratic Ideal: Deliberative Polling and Public Opinion", *Acta Politica*, Vol. 40, 2005.

[3] He Baogang, M. Warren, "Authoritarian Deliberation: The Deliberative Turn in Chinese Political Development", *Perspectives on Politics*, Vol. 9, No. 2, 2011.

接的参与、理性的自治和平等的协商来追求实质民主,但并没有超越自由民主的话语体系。当然,也有一些更激进的观点认为,西方协商民主是对竞争民主的取代和超越。

在中国,协商民主并不缺乏价值性追求,只是它所追求和重视的是超越传统民主的一些协商价值。中国更加谨慎地看待选举民主,更注重选举竞争的可控性,追求协商的实际效果,以维护社会的稳定和秩序。虽然传统中国是一个等级社会,但一直以来,和谐的大同社会被中国人视为努力追求的目标,并且中国的协商民主也受到了传统文化观念的影响,如一体多元、和而不同、兼容并蓄等理念都为其提供了文化基础。在中国,深度认同的文化共识和稳定秩序的政治共识是协商竞争的前提。这些共识不仅有助于防止社会震荡的发生,还有助于营造良性竞争的社会氛围。

协商民主不仅是解决问题的工具,还具有扩大公民参与,追求公正、平等和共识的政治价值。在协商的过程中,需要尊重、吸纳和甄别各方协商主体表达的不同利益、意见和认识,确保每一个可能受到决策影响的协商主体都能够获得真正的平等和尊重,并通过实质性的参与来表达民意、进行辩论和交流。为了实现这样的协商民主价值,应该遵循一些基本准则,如议事程度公正、利益代表多元、参与人员平等、信息结果公开等。

(四)基于协商内容的双重性:政治性与事务性

中国的协商民主一直以来都具有高度的政治性。如林尚立教授所分析的,从政治角度来看,协商民主有两个方面。一方面是党的建设,其也包括两个方面:一是党的思想路线、组织路线和政治路线的统一体,也就是群众路线;二是统一战线,即团结一切可以团结的力量,联合一切可以联合的力量。这两个方面共同孕育了协商民主的发展。另一方面是国家建设,中华人民共和国是在人民政协的基础上建立起来的,因此可以说是通过协商实现国家建设的。新中国成立后形成了一个基本的制度,即中国共产党领导的多党合作和政治协商制度。①

然而,多种现象表明中国的协商民主正朝着社会层面的发展方向迈进,即公民协商和社会协商在公共领域中的出现。一方面,从协商、政治协商到民主协商再到协商民主的发展历程,显示出中国协商从政治层面扩展到社会公共事务层面。另一方面,党的十八大报告明确提出了"推进协商民主广泛、多层、制度化发展"的新思考和新要求。报告强调"通过国家政权机关、政协组织、党派团体等渠道,就经济社会发展重大问题和涉及群众切身利益的实际问题广泛协商、广纳群言、广集民智、增进共识、增强合力"。报告还特别强调了"积极开展基层民主协商",并在完善基层群众自治的过程中"加强议事协商"②。显然,党的十八大报告提出的"社会主义协商民主"概念已经超越了传统政治协商的形式、渠道、主体和范围。它旨在通过政治协商和社会协商的结合,构建更广泛的协商民主渠道、制度和机制。按照党的十八大精神,我国的社会主义协商民主架构包括人大协商、政府协商、政协协商、党派团体协商及基层协商,它们共同构成了中国特色的协商民主。自党的十八大以来,协商民主被视为社会主义民主政治的特有形式和独特优势。政治协商在这一过程中扩展出政党协商、人大协商、政府协商、政协协商、人民团体协商、基层协商、社会组织协商等多种形式。在这些形式中,政党协商和政协协商被认为是最为成熟和规范化的,对整个社会主

---

① 林尚立:《基础与动力:协商民主何以在中国成长》,《世纪行》2016年第5期。
② 胡锦涛:《坚定不移沿着中国特色社会主义道路前进,为全面建成小康社会而奋斗》,人民出版社2012年版,第26页。

义协商民主体系的建设和完善起到了引领和示范的作用。

特别是从地方和基层协商民主的角度来看，民生问题成为协商的核心内容。许多基层政府将民生优先原则作为组织和推动协商民主的基本出发点和落脚点，将解决人民群众最直接、最实际的利益问题作为开展协商民主的主要侧重点和根本标准。例如，他们从居民需求中选择民主协商的议题，建立民意诉求议题库，采用多元的协商形式，如民事协商、民议协商和民决协商。此外，他们还将协商的成果引导朝向民生方向，特别注重通过民主协商来解决民生工程等问题。

三、中国协商民主双重性的权重比较

在双重性中，权重指的是倾向性程度，即哪一个方面更主要或更显著。

（一）权力与责任

中国的协商民主并非用于最终决策，而是为人们提供表达意愿的机会，属于吸纳型权力。一个清楚的例子是浙江省温岭市举行的财政预算民主会谈，涉及卫生健康局 2019 年预算、交通运输局 2019 年预算、农林局 2018 年预算、住房和城乡建设规划局 2017 年预算、海洋与渔业局 2017 年预算等。由于这种权力的吸纳性质，协商民主并没有实质性的决策责任。这一点在西方也存在。近年来，西方协商民主理论的讨论相对较少涉及决策问题，更多地关注如何培养包容性，以及如何在非正式的公共领域通过协商来修正或补充正式的代议制政府。协商民主在实质上属于程序正义范畴，旨在通过不同的协商方式将民意聚合在政策备选方案中，但这些意见不会成为最终的公共政策文本。

(二) 动员、整合与合作

中国的协商民主存在各种形式的合作，包括政党之间的合作、官民之间的合作，以及国家与社会之间的合作。群众路线是无产阶级政党特有的动员、整合和合作方式，而协商民主则是新时代下的群众路线，它是一种制度化、规范化和程序化的群众路线。其新颖之处在于通过合作来推动动员和整合，在动员和整合的过程中实现合作。习近平总书记指出："社会主义协商民主，是中国社会主义民主政治的特有形式和独特优势，是中国共产党的群众路线在政治领域的重要体现。""我们要深刻把握社会主义协商民主是中国共产党的群众路线在政治领域的重要体现这一基本定性。"[①]协商民主是党的群众路线在政治领域的重要体现，"有事好商量，众人的事情由众人商量——这不仅是我国民主也是人类民主的真谛"。

(三) 协商治理（工具性）与民主价值（价值性）

中国的协商民主更注重工具性而非价值性，尽管这并不意味着它缺乏民主性或不追求价值性。然而，需要指出的是，中国在协商民主方面拥有丰富的早期实践。但直到党的十八大，协商民主的重要性才得到凸显，民主因素在协商中得到强调。这表明中国共产党将协商作为一种民主形式确立起来，并确定了协商民主的价值偏好。然而，从近年的历程来看，治理仍然是重点关注的领域。当然，同时中国也将治理与民主相结合，采用了"治理＋"（类似于"互联网＋"）的理念，以实现"民主治理"（与非民主性治理相区别）和"治理民主化"（中国治理的走向）等目标。

马克·沃伦并没有直接回答关于中国协商民主的民主性问题，而

---

① 习近平：《习近平谈治国理政》第2卷，外文出版社2017年版，第293—294页。

是提到了新加坡的例子。他提到,新加坡政府为了确保其决策不会导致公共危机而扩大了协商的范围。协商允许民众表达他们的诉求和意见,一旦这些诉求和意见合法化,政府就必须做出回应。一方面,这种互动似乎提升了政府的领导能力,避免了政府危机,从而阻碍了民主进程;另一方面,政府引入协商和对话,促使更多民众参与政治过程,在一定程度上体现了民主化特征。实际上,这样的情况并不罕见。①

(四)事务性与政治性

中国的协商民主向来具有明显的政治性质。然而,多种现象表明,中国的协商民主越来越向社会层面发展,即在公共领域中出现了公民协商和社会协商。这一点可以从中国协商民主建设的历程中清晰地看出。《中共中央关于加强社会主义协商民主建设的意见》提出,应"构建程序合理、环节完整的协商民主体系"。因此,中国的协商民主已从政治领域扩展到经济、社会、文化和生态等各个领域,形成了一个由中央到地方再到基层的协商民主网络体系,涵盖了政党协商、政府协商、政协协商、人大协商、人民团体协商以及基层协商和社会组织协商。协商民主将进一步向下延伸,从高层精英走向社会大众,这样全方位、多维度的协商体系在西方国家中很难见到。然而,从讨论议题的进展来看,协商民主是否又回到了政治议题,还需要进一步观察。

四、结语:走向新的民主类型?

中国协商民主具有双重特点,既超越了民主,又超越了协商本身,它不是"协商"和"民主"两个概念的简单相加,而是以治理有效性为导

---

① 刘玲斐、张长东:《协商民主理论及其局限:对话马克·沃伦教授》,《国外理论动态》2016年第1期。

向的一种形式。尽管我们使用了"协商民主"这个词汇,但是是在约定俗成的基础上使用的。在中国语境中,协商民主被视为一种工具性的治理机制,这可以从马克·沃伦"治理式协商"等说法中看出。中国协商民主的基本特点,是通过协商机制来动员社会以实现有效治理,这背后蕴含着中国共产党治国理政的基本经验。中国协商民主是新时代的群众路线,是一种新的动员、整合和合作机制,旨在吸纳社会各阶层和群体的意见,汇集民智。这种机制已经全面拓展,从政党协商、政府协商、政协协商、人大协商、人民团体协商延伸至基层协商、社会组织协商,形成了一个纵横交织的协商民主网络体系,其中基层协商和聚焦于民生事务成为重点。这就是中国协商民主的基本特点,即具有双重性。

中国式协商民主在某种程度上超越了西方协商民主,并在制度化和程序化方面做出了努力。尽管中国式协商民主仍然具备西方协商民主的基本要素,但它已经发展出一些独有的特点[1],需要用新的概念或理论来加以概括。或许,"全过程人民民主"可以被视为这样一个新的概念和理论。在全过程人民民主中,协商民主贯穿于各个环节,包括选举、决策、管理和监督。不过,此时的协商民主已不仅仅是一种形态或类型的民主,它超越了这种简单的定义。

---

[1] 郎友兴、张品:《中国协商民主的新进展及对西方经验的超越——北京市朝阳区协商民主实践之分》,《浙江大学学报》(人文社会科学版)2017年第6期。

中国古代的抽签、选举与权威产生机制及其变迁
何俊志

自19世纪后期以来,关于中国古代公共权威产生机制和政体演化的问题一直存在争议。我基于历史学、人类学和民族学者的研究成果,试图提出一个四阶段模式来描述中国古代公共权威产生机制的演化过程。这一模式包括"自然权威—选举权威—世选权威—世袭权威"的主流演化路径,同时也存在一些边缘模式。在整体的演化模式中,抽签并非作为直接民主的手段,而是作为选举工具的一种形式,出现在中国政治舞台上,而实现技能、神意和民意的统一则是中国古代权威产生机制中的重要特征。这一尝试将对重新认识中国古代权威产生机制和政体演化提供新的启示。

王绍光的著作《抽签与民主、共和》,重点探讨了抽签在雅典城邦、罗马共和国、威尼斯共和国和佛罗伦萨共和国的兴衰历程。通过对这些地方的研究,他丰富了我们对古希腊、罗马和中世纪意大利城市共和国的民主和共和政体运行机制的认识。对于中国的学者而言,从西方抽签与选举的演化图景中,我们可以找到考察和揭示中国古代公共权威产生机制的新机遇。

然而,自"开眼看世界"那一代人开始,中国学者运用比较视野考察中国古代的抽签、投票和选举制度,也面临了一些困难。由于缺乏地域经验,林则徐和魏源在翻译外国政治资料时遇到了一些困惑。当他们

遇到"elect"这个词时，曾将其翻译为"公举""保举""充举""推举"等多个词汇，甚至有时直接翻译成"伊力多"。即使在今天，一些学术著作中提到的"选举"一词，其所指仍然是科举及其类似制度这种选拔形式。①

自20世纪以来，古代史研究学者一直在争论中国古代是否存在民主政治。②从对相关论述的考察可以看出，古代史学者主要将经典文献作为论证的依据。③尽管研究视野在扩大，但关于中国早期国家起源的基本问题仍存争议。④然而，幸运的是，一些人类学和民族学者的研究已经明确指出，在中国古代各民族的早期政治场域中，存在着多元且持续的抽签和选举实践。⑤人类学和民族学者的初步研究表明，在中华民族的广袤大地上，长期存在着多种实验模式的抽签与选举。这些实验模式的存在，为我们初步描绘中国古代政治体制的演化提供了坚实的基础。

我旨在以历史学者、人类学者和民族学者前期研究为基础，从政治学的角度出发，尝试提出一种中国古代公共权威产生机制的演化模式。通过这种模式，我们可以在理论上建立一套与王绍光的《抽签与民主、共和》进行对话的中国古代政体演化模型，并修正一些国际学者对古代中国政治"东方专制政体"的刻板印象。

一、原初的自然权威模式

世界各地的历史都表明，人类最早出现的公共权威是自然而然形

---

① 何怀宏：《"选举社会"的概念——秦汉至晚清社会形态命名初探》，《文史哲》2010年第6期。
② 宋敏：《中国古代民主政治若干问题》，《社会科学辑刊》1982年第4期。
③ 日知、亭云：《〈春秋〉经传中的"国人"：试论古代中国的原始民主制》，《东北师范大学学报》1981年第2期。
④ 谢维扬：《中国国家起源研究中的几个问题》，《历史研究》2010年第6期。
⑤ 何星亮：《中国少数民族历史上的推选制》，《宗教信仰与民族文化》2019年第2辑。

成的。在自然权威中,长老权威是最为自然的形式之一。在中国古代各民族的初始权威中,长老权威普遍存在。对布依族原始社会产生机制的研究发现,布依族至今仍然保留着长者议事会作为基本的仲裁权威。这个议事会由家族中年长的男性和女性组成,被称为"报老"(男性)和"雅老"(女性),这是家族最高的仲裁机构。① 在长老群体作为最高权威的体制下,年龄成为决定成员是否拥有自然权威的唯一标准。即使长老群体中的某人去世,继任者也完全是以年龄为依据自然产生的。

还有一些民族的经验表明,自然权威也有可能集中在某个人的手中。然而,与长老权威不同的是,自然产生的个人权威往往具备某种特殊的专业技能。傈僳族就是一个例子,他们的自然权威集中在个人身上。那些口才流利、公正办事并在群众中享有声望的人自然而然地成为公众领袖。② 在广西大瑶山地区,一些正直而有胆识、善于表达的人在村中常常担任调解和处理事务的角色。如果他们的工作得到村民的满意,寻求他们帮助的人就会逐渐增多,从而使他们成为小头人。当他们在群众中树立了相当的威望后,他们的影响力会逐渐扩展到邻村,从而从小头人逐渐发展成大头人。③

诺合家支制度下的凉山彝族可以更好地说明自然权威的产生过程。诺合家支的头人德古和苏易并不通过选举产生,也不由任何机构或个人任命,更没有任何就职仪式,而是凭借他们在调解纠纷和办理事务方面的才能而自然成为的。"如果一个默默无闻的诺合得心应手地调解好数桩复杂的案例,他的名声立刻闻名于全家支而成为德古,因

---

① 伍文义:《关于布依族原始社会的探讨》,《贵州民族研究》1982 年第 4 期。
② 何星亮:《中国少数民族历史上的推选制》。
③ 王时阶:《瑶族习惯法研究》,《中央民族大学学报》1998 年第 2 期。

此,就会有一些继续登门求教;待他继续调解好几个知名案件后,便名声远播,受到家支内外推崇,这时,不同家支间发生的纠纷都会请他发挥作用。"①

从这个例子可以看出,自然形成的长老权威只适用于规模较小、事务管理相对简单的群体。随着群体规模的扩大和事务的复杂化,长老权威会让位给专业权威。在各种自然形成的专业权威中,那些公正、能够调解内部矛盾和处理复杂事务的人更容易成为自然权威;而当群体面临外部威胁时,那些身强力壮且具备军事指挥才能的人更有可能成为自然权威。

二、从自然权威向选举权威的过渡

一旦自然权威无法满足群体需求,当群体内部成员开始觉醒时,选举就成为一些民族产生权威的必要程序。在最初阶段,即使只有一个候选人,也需要经过选举程序才能成为正式权威。这种推举制度在中国历史上广泛存在。从某种意义上说,推举制度类似于日耳曼等民族历史上存在过的"欢呼式选举",即民众通过欢呼且没有反对声音的方式正式拥戴他们认可的自然权威为正式权威。

《三国志·魏书》记载:"(乌丸)常推募勇健能理决斗讼相侵犯者为大人,邑落各有小帅,不世继也。"这一模式具有相当大的代表性:即使那些具备防卫和仲裁能力的自然权威,也需要经过推举程序才能成为正式领导人。在历史上,佤族的最高首领被称为"班洪王",在汉族中被称为"王子"。虽然这个职位是由胡姓世袭的,但却需要通过民主选举的形式来委任,由各大户的大伙头和整个"班洪部落"的长老们协商决

---

① 李绍明:《〈民族学概论〉讲座(七)我国各民族的政治制度》,《贵州民族研究》1983年第2期。

定。在正式任命之前,会举行宗教仪式,由备受尊敬的长老宣读用傣文书写的委任状,意味着让他担任大官,为大家办事。①

自然权威向选举权威的过渡并不是一条直线,而是经历了多种模式的共存与竞争。在一些民族的内部,公共权威的职能分化已经出现,不同的权威采用不同的产生方式。例如,在苗族的农村公社中,管理行政事务的人被称为"榔头",负责军事事务的人被称为"硬手",这些职位是通过选举产生的,并且有任期限制;负责司法事务的"理老"或"娄方"仍然由德高望重、公平正直的自然权威担任。与此同时,公社的最高权力机关"榔款"则由家户长组成。②

此外,即使是同一个民族,不同地区的分支在过渡阶段也采用了不同的模式。以"榔头"的产生为例,黔东南地区一般不进行选举,而是自然形成,被称为自然领袖。他们只要熟悉古规、精通事务,在群众中有威信、德高望重就可以担任这一职位。而云南金平地区的"丛头"则是通过里民大会选举产生的,任期为一年。在新中国成立前夕,一些地区还存在世袭的情况。类似的情况也出现在瑶族的寨老身上,云南和广西各地寨老的产生方式差异巨大。

三、抽签与投票的出场

中国古代的抽签方式与古希腊雅典城邦的公民大会抽签方式有所不同。在中国古代,抽签并非为了在选民中间产生公职,而是在有多个符合条件的候选人时,通过抽签来选举产生公职。因此,中国古代的抽签一开始就具有代议性质。在藏北牧区的早期选举中,各部落都采用

---

① 李学勤主编:《中国古代文明与国家形成研究》,云南人民出版社1997年版,第211页。
② 伍新福:《苗族原始氏族制度的史迹探索》,《湘潭大学学报》(社会科学版)1989年第1期。

选举的方式产生头人,并以多数决定为基本原则。如果候选人超过一个且选举意见相近,就通过抓阄的方式来确定候选人。① 通常情况下,选举前由部落中威望最高的人提出候选人,一般提出三五个候选人。候选人的条件包括:口才好、骨系高贵(不是主要条件)、家庭富裕、平时"支差"好及具备一定的组织管理能力。选出候选人后,选民们会一起离开帐篷,前往附近野外的平滩找一个安静的地方。他们将候选人的名字写在纸条上,揉成纸团放入碗中摇动,第一个摇出来的纸团上的名字即为当选的头人;或者准备与候选人数量相同数量的纸条,其中只有一张写有"本"字,然后揉成团放入一个箱子中摇动,接着在每个候选人面前放置一个纸团,谁的纸团上有"本"字,谁就是当选的头人。②

有趣的是,在抽签的应用中,有时并不存在候选人。对中缅边境的拉祜西头人制度的研究发现,当没有人愿意担任头人或需要强制更换头人时,拉祜西头人使用一种名为"茅草沾鸡蛋"的选举方式。在选举开始时,主持选举的头人会先在家中的祭台上点燃四支香或两双蜂蜡祭神,然后将几根折弯的茅草依次放入碗中,每根茅草代表一个候选人。接着,他会将鸡蛋打入一个碗中,旁边放置一碗米,米上放一块岩盐,并用竹匾将其覆盖。经过不超过10分钟的时间,主持选举的头人便会揭开竹匾查看结果:如果有茅草上沾了鸡蛋,那么相应代表的候选人就会被选中;如果有两根以上的茅草沾了鸡蛋,那么有经验的头人或老人会对此进行判断。③

云南勐腊瑶族人在选举寨老时,在由上一届寨老提出候选人之后,

---

① 多杰才旦主编:《西藏封建农奴制社会形态》,中国藏学出版社 2005 年版,第 501 页。
② 格勒等编著:《藏北牧民:西藏那曲地区社会历史调查》,中国藏学出版社 2004 年版,第 235 页。
③ 韩俊魁:《拉祜西头人制度:传统与国家力量影响下的变迁》,《民族研究》2006 年第 3 期。

选举办法一般有三种：一种是临时让各候选人酿白酒,谁酿的白酒质量最好,谁就当选;另一种是各候选人烧一炷香,谁的香先燃完谁就当选;再有一种是用纸包稻谷或玉米,上书候选人姓名,置簸箕内簸扬,最先扬出或最后剩下的人当选。有的地方三者交叉使用,有的地方则惯用其中一种。在元阳等地的瑶族中,除簸扬选举外,还有打卦选举、占卜选举产生等办法。打卦选举是事先把一小竹节剖为等分的两片,合二为一即为筶卦。选举时,将筶卦轻轻往地上扔,两片同时盖在地上为阴卦,同时仰上为阳卦,扑地和仰面各一片为宝卦。每一候选人都要连续扔三次,如三次都为阳卦,或阴、阳、宝卦各出现一次,则可当选。占卜选举是由巫师占卜,请示各位神灵,若卜卦显示"神已同意"则当选。①

对多个候选人进行选择的另一种方式是投票。拉祜族在选举头人"卡些"时,先由群众推选三个正直、会说话、富裕、能热心为群众办事的候选人,然后投玉米粒,得玉米粒多者当选为"卡些",然后再由"卡些隆"(大卡些)委任当选者。② 云南河口一带的瑶族选举村寨头人"目老"时,先将村寨中识字、能说会道、有能力、为人正直、办事公正、会祭鬼、受人拥戴的人列为候选人。选举时,当众酿甜酒于若干竹筒内,有多少个候选人便做多少个竹筒,将候选人的姓名任意写于任何一个竹筒上。两三天后,推举数名公证人当众揭开竹筒品尝甜酒,酒味最醇的三人当选。一人任寨老,一人任寨主,一人任龙师,统称"目老"。③

显然,与自然权威相比,选举产生的权威除了拥有对特定群体生存和发展比较重要的专业技能外,还必须得到民意的正式授权。在抽签和投票的过程中,对神灵的诉求和对候选人需祭鬼的要求,也意味着部

---

① 徐祖祥:《瑶族文化史》,云南民族出版社2001年版,第93—94页;元阳县民委编:《元阳民俗》,云南民族出版社1990年版,第251—252页。
② 何星亮:《中国少数民族历史上的推选制》。
③ 玉时阶:《瑶族习惯法研究》,《中央民族大学学报》1998年第2期。

分民族中选举产生的权威还要获得神意的认可。

四、大规模群体的选举与世选制的出现

当特定民族中的某一群体发展到较大规模时,由于交通和通信的限制,完全采用直接选举的方式变得不可行。因此,一些民族开始尝试各种间接选举方法来产生公共权威。在这一权威产生的转型过程中,一种具有深远影响的制度出现在许多民族中,即世选制。在这种制度中,候选人已经被特定世系的后裔垄断。

在侗族的选举史上,"小款"作为部落组织的残存形式,采用的是直接选举方式,凌驾于"小款"之上的"大款"则是部落联盟的残存形式。具体的选举方式是,"小款首"由各寨寨老或款内成年男女推选德高望重、办事公道且愿为"款众"服务的老年人担任,"大款首"由小款首联席会议推举产生。[①]

但是,从现有文献看,在各民族中出现频率最高的还是世选制。在北方民族中,比较有代表性的是古代契丹族的世选制。契丹进入大贺氏部落联盟时代后,部落联盟由八部联合组成,有共同的首领,即部落联盟长(君长)。部落联盟长的当选资格并不分属于各部落长,而是只限于大贺氏这一氏族,因此联盟被称为"大贺氏联盟"。联盟长必须由选举产生,古代契丹的世选制就此产生。到遥辇时期,遥辇氏联盟所实行的世选制还确立了选举礼仪"柴册仪"。八部部落长共同燔柴告天,选举联盟长就职,使选举联盟长的仪式更加制度化、典礼化。[②] 除了契丹,有据可查的曾经采用世选制的民族还包括鲜卑、女真和蒙古族等。

[①] 石若屏:《侗族古代社会的初步研究》,《吉首大学学报》(社会科学版)1985年第2期。
[②] 席永杰、任爱君、杨福瑞等:《古代西辽河流域的游牧文化》,内蒙古人民出版社2007年版,第113页。

由于北方游牧民族建立的世选制政权分布广泛且持久,因此一些学者认为,与世选制相配合而实行的贵族大会是独具草原民族思维观念的机构。① 实际上,在南方各民族权威产生机制的历史上,同样存在不少世选制案例。

哈尼族的"咪谷"相当于最初的祭司,所有的成员都需要选举产生。但是,"咪谷"候选人必须满足的条件是:直系亲属曾经任过"咪谷",直系亲属中没有出现过非正常死亡,只结过一次婚且夫妻健在、儿女双全,为人正派、办事公道,等等。②

壮族记录中头人布弘最初选举的经历,或许最能代表从长老权威向世选权威的过渡模式:"以前,一位布弘老了,把大家召集到他家里商量抵抗外族抢掠,得选举一人(新布弘)带领大家去打仗。众人再三推选布弘的儿子承担。布弘虽觉得儿子经验不足,但只能顺从大家的选举,叫儿子带领大家去打仗。打了两仗,惨遭失败。布弘命人用弓箭射中儿子手臂,叫儿子带人逃往茅草山引追兵。外族追兵进茅草山后,布弘又命放火攻之,后取胜。布弘老死了,布弘的儿子当上布弘。"③

综合各种文献可以得出结论,世选制的出现具有以下基本逻辑:对于某一部落来说,其创始人、拥有特殊技能的人以及对部落发展做出过重要贡献的领袖的后代被视为当然的候选人,而其他候选人则被排除在外。潜在领袖主要分布在这一领袖的直系后裔中,人们从中挑选一人成为共主。

---

① 肖爱民:《中国古代北方行国最高统治者继承制度及其所反映的草原民族思维》,载马永真等主编:《论草原文化》(第5辑),内蒙古教育出版社2008年版,第111页。
② 黄绍文:《哈尼族村社祭司——咪谷》,《宗教学研究》2006年第3期。
③ 颜恩泉、王明富:《试论壮族早期的社会形态》,《云南社会科学》1990年第6期。

五、从世选制到世袭制

在夏商周秦过渡期间,特别是殷商时期,王位继承制度呈现了多种模式,如"兄终弟及""叔伯相继""父死子继"等。这一时期被认为是从世选制向世袭制过渡的时期。最近的研究还发现,早在五代时期,最高领袖就来自同一家族,并且持续了上百年。在以炎黄部落为核心的部落联盟中,最高首领实行了一种被称为"禅让制"的制度,但限定在黄帝的后裔之中。因此,华夏部落联盟的各代酋领都"同姓而异其国号"。《史记·五帝本纪》也提到,华夏部落联盟实行的"禅让制",只是在黄帝的两个儿子昌意和玄嚣的后裔中相互传承。直到禹时代,部落联盟的酋领职位还没有被某一家族永久掌握。① 司马迁在《史记》中提及的"自黄帝至舜、禹,皆同姓而异其国号,以章明德",在一定程度上证明了中原王朝国家形成过程中经历了从世选制向世袭制过渡的漫长时期。

中原政权在历史上经历了多种继承模式,但自西周开始,嫡长子继承制基本上得到确立。与此不同,一些北方游牧政权则经历了更为复杂的继承方式,包括"兄终弟及""叔死侄及""弟死兄及"和"父死子继"等。在对单于继承影响的多种因素进行综合考察后,一些学者认为,贵人会议的推举、已故单于的遗言、继任者的实力、阏氏的意向及用事大臣的倾向等因素,在继承人选举中都起着重要作用。特别是贵人会议作为一种法定程序,对于单于的继承具有重要意义。因此,单于的继承制度可以看作从世选制向世袭制过渡的一部分。② 类似情况也出现在

---

① 李学勤主编:《中国古代文明与国家形成研究》,云南人民出版社1997年版,第320页。

② 肖爱民:《试析匈奴单于位的继承制度》,《内蒙古社会科学》(汉文版)2007年第3期。

柔然汗位的继承制度中,它也属于从世选制向世袭制过渡的一种。①

中原王朝较早确立了世袭制度,一些原本采用世选制的政权,在与中原王朝长期接触或者入主中原后,也逐渐发展为世袭制度。早期的一个例子是契丹,后来的例子则包括金朝、元朝等。

六、由自然权威生发的多条路径

在探讨自然权威的起源时,需要注意并非所有民族都经历了上述完整的继承链条,而是采用了各种不同的模式组合。

就京族而言,长期以来,最高领导权由一个被称为"翁村"的老人掌握,其职责是管理最重要的事务。然而,"翁村"并不是仅仅依靠个人的自然权威就能产生,而是通过一个由村内德高望重的长者组成的"嘎古集团"进行讨论、商议和推举产生的,这个集团的成员通常可以连任两届。② 可以明显看出,京族的"翁村"制度并非一种选举体制,而是一种将长者权威与选拔相结合的制度。

在研究早期各民族的公共权威产生机制时,云南景洪基诺族的村寨被认为是采用长老体制的典型案例。基诺族的长老体制由"卓巴"(寨父)和"卓生"(寨母)共同治理。然而,"卓巴"和"卓生"的职位只能由基诺族中最早的两个氏族的年长者世袭。③ 这表明,基诺族在早期就形成了长老体制与世袭体制相结合的模式。

尽管中国古代公共权威产生机制的整体演化模式是从长老权威、选举权威到世袭体制,但某些特定民族经历了相反的路径。研究发现,

---

① 肖爱民:《试析柔然汗位的继承制度》,《内蒙古民族大学学报》(社会科学版)2009年第4期。
② 陈锋:《京族传统翁村制村民自治的现代考察》,《广西社会科学》2013年第9期。
③ 李绍明:《〈民族学概论〉讲座(七)——我国各民族的政治制度》。

在一些苗族地区,持续存在的"鼓藏头"产生方式实际上经历了从传统的世袭制向后来的推选制的转变。①

七、结论

通过对比欧洲国家在抽签和选举方面的历史,借助历史学、民族学和人类学者的研究成果,我在三个方面做出了努力。第一,初步构建了中国古代公共权威产生机制的演化模式,包括自然权威、选举权威、世选权威和世袭权威。第二,与欧洲不同的是,中国古代的抽签并非用于直接民主,而是作为选举工具使用;同时,重视候选人的能力,并实现技能、神意和民意的统一,是古代选举的重要特征。第三,除了提出主流演化模式,我还展示了一些边缘模式,这些模式与主流模式不同。

上述三个方面的努力,不仅有助于我们在理论上更清晰地了解中国古代的政体分布状况,而且有助于纵向透视权威产生机制的演化机理,同时也将立足中国本土丰富政治学的理论体系。

---

① 刘俊:《鼓藏头产生的逻辑规则及法治维度——以J县LP苗寨为例》,《中央民族大学学报》(哲学社会科学版)2019年第2期。

作者谈
代议民主：由谁做主？ 替谁做主？

王绍光

西方主流意识形态宣扬：只要经过普遍的、自由的、多党的、竞争性选举，代议士就能代表人民。该说法的理论支柱有二：第一，授权论假设，参加选举，代议士就获得了人民的授权，为民做主；第二，问责论假设，如果不满代议士的表现，就可以把他们选掉，以示惩罚。

这两套理论看似可以解释竞争性选举与代议士为民做主之间的关系，然而稍作深究就会发现，这套理论构筑的是空中楼阁。

一、授权论成立吗？

授权论要成立，必须至少满足四个基本假设：第一，所有人或大多数利益相关者参与授权；第二，可替代的被授权对象很多；第三，所有人都可能成为被授权者；第四，经选举产生的被授权者可以代表所有人。

（一）所有人或大多数利益相关者参与授权

首先，很多人，甚至多数人都未参与授权。现行决策（如碳排放）可能影响未来数代无法参加选举的人；此外未满法定投票年龄的人、权利受限的公民、外来移民不能参加选举。

其次，出于种种原因，大量有资格的选民不愿参加选举。以美国为例，四年一度的总统大选投票率往往在五六成之间,而中期国会议员选举的投票率基本上在四成左右。地方选举,如州一级、县一级或者镇一级的选举,投票率一般都在25%以下,并呈下降趋势。① 其他西方国家的大选投票率大多低于70%,且绝大多数国家的投票率都呈下降趋势。②

最后,胜选者未必获得所有投票者的授权。世界上的选举制度五花八门,欧陆国家多采取比例代表制,而英国、美国、加拿大、澳大利亚等国则采取"赢者通吃"的相对多数制,即不论票数多少,得票最多的候选人便可当选,不必票数过半,只获得三四成选票的候选人也有可能当选。③

排除尚未出生的人(难以估算)、未获投票权的人(人口的约20%)、享有投票权但没有参加投票的人(合资格选民的10%—80%)、参与投票但投反对票的人(投票者的49%—70%),最终当选的代议士实际上只获得小部分甚至很小一部分人民的支持,大多数人未曾或不愿授权给这些代议士。也就是说,这些代议士根本没有资格声称获得了人民的授权。

(二)可替代的被授权对象很多

选民可用选票决定哪位候选人当选,但并不能决定哪些人成为候

---

① Mike Maciag, "Voter Turnout Plummeting in Local Elections", http://www.governing.com/topics/politics/gov-voter-turnout-municipal-elections.html#graph; Daniel Denvir, "Voter Turnout in U. S. Mayoral Elections Is Pathetic, but It Wasn't Always This Way", http://www.citylab.com/politics/2015/05/mayoral-election-voting-turnout/393737.

② Mark Gray, Miki Caul, "Declining Voter Turnout in Advanced Industrial Democracies, 1950 to 1997: The Effects of Declining Group Mobilization", *Comparative Political Studies*, Vol. 33, No. 9, 2000, pp. 1091-1122; Mark Franklin, *Voter Turnout and the Dynamics of Electoral Competition in Established Democracies since 1945*, Cambridge: Cambridge University Press, 2004; World Bank, *World Development Report 2017: Governance and the Law*, Washington: World Bank, 2017, p. 228.

③ FairVote, "Electoral Systems around the World", https://www.fairvote.org/research_electoralsystems_world.

选人。在代议制民主制下,选民没有多大选择余地,只有极少数人可以通过政党举荐成为正式候选人。即使在人们认同几个大党时,选民能做的也不过是要么支持台上这个党的候选人,要么支持几年前下台的那个党的候选人,这好比《庄子·齐物论》中那个"朝三暮四"或"朝四暮三"的寓言,选民像被愚弄的猴子一样,本没有多少选择,却误以为自己拥有选择权。

近几十年,欧美各国政党制度的运作越来越不正常。大多数人认为,主要政党并不代表普通百姓。就连一度宣称自由民主制度完胜的福山也坦承,美国体制中有个严重的代表性问题:"两个主要政党中,没有哪一个对正在败落的下层群体尽职尽责。"[1]现在,美国"独立人士"的比重既超过了民主党,也超过了共和党。假如他们构成一个单独政党的话,它已是美国第一大党,占美国选民的40%左右。[2] 1960年,当美国的政党政治如日中天时,时任美国政治学会主席的谢茨施耐德便在《半主权的人民》一书中指出,民主、共和两党的动员对象主要是社会的中上阶层,忽略了人口的另一半,即几千万不投票的选民。他认为,真正人民主权的实现有赖于改造当时的政治体制,建立更具包容性的"政党政府"。[3] 半个多世纪过去了,不但谢氏的理想没有实现,情况反而变得更糟。如果60年前美国只有"半主权的人民",现在人民恐怕连三分之一的主权也没有了! 不仅美国如此,其他西方国家也好不到哪

---

[1] Francis Fukuyama, "American Political Decay or Renewal? The Meaning of the 2016 Election", *Foreign Affairs*, Vol. 95, No. 4, 2016, p. 61.

[2] Gallup, "Party Affiliation: Trend since 2004", http://www.gallup.com/poll/15370/party-affiliation.aspx?version=print#top.

[3] Elmer Schattschneider, *The Semisovereign People: A Realist's View of Democracy in America*, New York: Holt, Rinehart and Winston, 1960.

里去,其表现形式是各国登记为政党党员的人数大幅下降[1],导致党员占选民比重也随之下滑,现已平均低于 5%,英国、法国已低于 2%。在整个欧洲,拥有众多党员的大众型政党几乎已经销声匿迹,剩下的都是些精英权贵党。[2] 难怪欧美历次民意调查发现,与各类政治组织或机构相比,民众对政党的信任度几乎总是垫底。[3] 2013 年,当代欧洲最著名的政党研究学者彼特·梅尔出版了一本题为《虚无之治》的书,副标题是"西式民主的空洞化"。在梅尔看来,今天政党已变得无关紧要,公民实际上正在变得毫无主权可言。目前正在出现的是这样一种民主,公众在其中的地位不断被削弱。换句话说,这是不见其"民"的空头"民主"。[4] 说来的确十分荒唐,在这种"民主"体制下,公民要依托于他们极度不信任甚至厌恶的政党,才能实现他们的"选择权"。这算是什么"选择权"?

(三)所有人都可能成为被授权者

授权论暗示,绝大多数公民在政治中的角色只能是被动的,限于授权他人为自己做主,他们自身则并不是被授权的潜在主体。然而,西方社会又时常散播一种神话:所有人都可能当选。最典型的例子莫过于美国人经常挂在嘴边的一句话:"任何人都可以成为美国总统。"

---

[1] Ingrid van Biezen, Peter Mair, Thomas Poguntke, "Going, Going...Gone? The Decline of Party Membership in Contemporary Europe", *European Journal of Political Research*, Vol. 51, No. 1, 2012, pp. 24-56.

[2] Pascal Delwit, "Still in Decline? Party Membership in Europe", in Emilie van Haute (eds.), *Party Membership in Europe: Exploration into the Anthills of Party Politics*, Bruxelles: Editions de l'Université de Bruxelles, 2011, pp. 25-42.

[3] "Share of People in Selected European Countries Who Trust Key Institutions in Their Country as of 2019, by Institution and Country", https://www.statista.com/statistics/1108375/trust-key-institutions-selected-european-countries/.

[4] Peter Mair, *Ruling the Void: The Hollowing of Western Democracy*, London: Verso, 2013.

(Anyone can be president.)

实际上,选举是拼资源的游戏,一般人玩不起、赢不了。在所有资源中,起决定性作用的是金钱。古希腊、古罗马、英国早期的国会选举中贿选成风。古代雅典残留的文献记载,选举中,一些候选人出手阔绰,因为他们知道,一旦当选,就会获得至少两倍的回报。① 正是为了预防形形色色的选举舞弊,雅典民主挑选公职人员的主要方法不是选举,而是抽签。② 古罗马选人程序也带有些许抽签成分,但主要靠选举,结果是金钱深度腐蚀选举的各个环节③,肮脏手段层出不穷④。为此,当时的人们还创造了一个专有名词"贿买公职"(ambitus)。⑤ 17 世纪,英国的议会选举主要靠暴力;18—19 世纪发生了一些变化,"以前通过暴力赢得的席位,现在更有可能需用金钱来确保",这是"英国政治最腐败的时期"⑥,在选举时,各方候选人花起钱来毫无节制⑦。1868

---

① E. Staveley, *Greek and Roman Voting and Elections*, Ithaca: Cornell University Press, 1972, pp. 108-113.

② 王绍光:《抽签与民主、共和:从雅典到威尼斯》。

③ Andrew Lintott, "Electoral Bribery in The Roman Republic", *Journal of Roman Studies*, Vol. 80, No. 1, 1990, pp. 1-16; Howard Troxler, *Electoral Abuse in the Late Roman Republic*, https://scholarcommons.usf.edu/etd/537; Rachel Vishnia, *Roman Elections in the Age of Cicero: Society, Government, and Voting*, New York: Routledge, 2014.

④ Quintus Cicero, *How to Win An Election: An Ancient Guide for Modern Politicians*, Princeton: Princeton University Press, 2012. 这是公元前 64 年昆图斯·西塞罗为其哥哥马库斯·西塞罗的选举写的小册子,介绍的都是如何赢得选举的花招,结果马库斯·西塞罗确实胜选。布什总统的高级顾问卡尔·罗夫(Karl Rove)称该书"为当代政治从业者提供了永不过时的建议",美国前参议员嘉里·哈特(Gary Hart)则评论说"这本古罗马的选举手册显示几乎什么都没有改变"。

⑤ Donald Montgomery, *Ambitus: Electoral Corruption and Aristocratic Competition in the Age of Cicero*, https://macsphere.mcmaster.ca/handle/11375/10867.

⑥ Caroline Morris, *Parliamentary Elections, Representation and the Law*, Oxford: Hart Publishing, 2012, p. 81.

⑦ Joseph Grego, *A History of Parliamentary Elections and Electioneering in the Old Days*, London: Chatto & Windus, 1886, p. 70.

年,英国通过《议会选举法》,希望遏制选举中猖獗的腐败行为,但至少又花费了半个世纪时间,才对局面有所控制。①

美国自有竞选以来,其选举花费持续上升,从未停止。大选费用从1960年的千万美元级,很快跳至亿美元级、十亿美元级。2020年美国大选是有史以来烧钱最多的大选,总费用近140亿美元,比世界上70个国家的国内生产总值还要多,其中在总统竞选方面林林总总共花费66.3亿美元,在国会议席竞选方面的花费更是高达72.5亿美元。与四年前的2016年大选相比,总花费足足增加了一倍多。②

现在,如果没有数亿美元甚至数十亿美元打底,没人能够进入总统竞选的最后一轮。国会也一样,100多年前,马克·吐温曾戏称美国国会为"金钱可以买到的最好的议会"③,现在依然如此,只是价格翻了不知多少番,众议员胜选的价码是几百万美元,参议员是上千万美元。

为什么参选人要费尽心机地筹钱、花钱?原因很简单:花钱多则胜算大。自1960年以来的16次总统大选中,13次是花钱多的候选人获胜。花钱多的候选人,其胜算率为81.2%。2000—2020年的20年间,参议院花钱多的候选人的平均胜算率为80.3%,众议院的平均胜算率为92.4%。④ 如果把这些职位看作投资标的,任何投资人都知道如何赢得这稳赚不亏的买卖。金钱政治的逻辑,也适用于美国州与地方的

---

① Cornelius O'Leary, *The Elimination of Corrupt Practices in British Elections 1868-1911*, Oxford: Oxford University Press, 1962.
② Brian Schwartz, "Total 2020 Election Spending to Hit Nearly $14 Billion, More Than Double 2016's Sum", https://www.cnbc.com/2020/10/28/2020-election-spending-to-hit-nearly-14-billion-a-record.html.
③ Pippa Norris, *Why American Elections are Flawed (and How to Fix Them)*, Ithaca: Cornell University Press, 2017, p.17.
④ The Center for Responsive Politics, "Did Money Win?", https://www.opensecrets.org/elections-overview/winning-vs-spending? cycle=2020.

竞选。① 金钱同样侵入了其他西方国家政治，引起人们对"支票簿选举"的普遍担忧。②

（四）经选举产生的被授权者可以代表所有人

西方主流意识形态希望人们相信，候选人一旦当选，代议士就会代表全体选民，而不仅仅是那些在选举中投过支持票的选民，却拿不出任何有说服力的理论依据。

更合理的假设是，代议士不可能平等地代表所有人。他们选择代表某个群体的力度，与该群体支持其寻找连任的投入紧密相关：为支持代议士连选连任投入潜力越大的群体，被代表的机会就越大；反之，无助于或有损于代议士实现连选连任目标的群体，被代表的机会很小。

实证研究证实了上述推测。一项研究分析了三届美国参议员决策行为对不同收入群体的回应力度，发现无论是哪一届国会，参议员对高收入群体的回应力度都最高，对中等收入群体的回应力度次之，对低收入群体的回应力度不仅最低，而且处于负值，这意味着损害了他们的利益。③

依据对西方多国（包括法国、德国、比利时、加拿大、意大利、西班牙、英国）数据的详尽分析，一本于 2020 年出版的新书得出与美国案例相同的结论："在今天运作的民主制度中，有三类公民：（1）财阀，表面看来他们是民主的捐赠者，但实际上他们从国库得到了更大的回报；（2）活跃分子，他们为政党付出了自己的金钱和时间，但国家在分发财

---

① Brian Adams, *Campaign Finance in Local Elections: Buying the Grassroots*, Boulder: First Forum Press, 2010.
② Pippa Norris, Andrea van Es (eds.), *Checkbook Elections? Political Finance in Comparative Perspective*, New York: Oxford University Press, 2016.
③ Larry Bartels, *Unequal Democracy: The Political Economy of the New Gilded Age*, Princeton: Princeton University Press, 2008.

政施舍时却遗忘了他们;(3)'普通公民',他们也许从国家以他们的名义支付给政党的些许公共补贴中间接受益,但在代表权方面,他们却终究是最大输家。"①

以上从四个不同侧面论证了授权论不能成立的理由:精英权贵控制了谁可以成为被授权主体,普通民众无从成为被授权主体,当选者只获得少数人授权,只获得少数人授权的代议士不可能代表所有人或多数人。

二、问责论成立吗?

问责论要成立,至少必须满足三个基本假设:一是确责很容易,二是落选是严厉的惩罚,三是除被问责者之外,有大量可替代人选(这一点与授权论的第二个假设相同,下文不再论及)。

(一)问责必须先确责,确责是件很容易的事

在"一人做事一人当"的情形下,确责是很容易的。但在现代政治中,某个单项政策或某套政策组合,从制定到落实,几乎毫无例外地会牵涉到不同的个人、政党、部门、层级,往往很难确定应该由哪一位决策者或执行者来担当责任。如果是众多人参与决策与执行,往往很难确定应该由哪一位决策者或执行者来承担责任。② 何况,在代议士两年、四年或者更长的任期内,会有大量各种各样、各个领域的政策被制定并

---

① Julia Cagé, *The Price of Democracy: How Money Shapes Politics and What to Do about It*, Cambridge: Harvard University Press, 2020, p. 108.
② Bingham Powell Jr., Guy Whitten, "A Cross-National Analysis of Economic Voting: Taking Account of the Political Context", *American Journal of Political Science*, Vol. 37, No. 2, 1993, pp. 391-414; Ignacio Lago-Peñas, Santiago Lago-Peñas, "Decentralization and electoral accountability", *Environment and Planning C: Government and Policy*, Vol. 28, No. 2, 2010, pp. 318-334.

推行。外部不可控因素也会影响政策的执行效果①,到底哪位代议士应该为哪项政策的落实效果负责? 不要说一般选民,就是局内人、专业评估机构也未必说得清楚。② 充其量,选民能做的不过是以某个总体福祉指标(如经济状况、道路修缮状况等)来衡量执政党(而不是具体代议士)的表现,决定下次的投票取向。③ 对此,西方政客也不会坐以待毙,他们的拿手好戏便是卸责邀功、嫁祸于人、转移注意力。④ 大量研究显示,当权政客往往操纵各种政策工具(如财政政策、货币政策),以期在选举前刺激经济,制造出形势一片大好的假象,从而误导选民,大大提高自己和政党的连任机会。⑤ 也就是说,选民往往无法确责。例如,在 2020 年以来的新冠疫情应对中,瑞典与美国表现糟糕透顶,但无法追究责任。

---

① Timothy Hellwig, David Samuels, "Voting in Open Economies: The Electoral Consequences of Globalization", *Comparative Political Studies*, Vol. 40, No. 3, 2007, pp. 283-306.
② Lucy Martin, Pia Raffler, "Fault Lines: The Effects of Bureaucratic Power on Electoral Accountability", https://doi.org/10.1111/ajps.12530.
③ Morris Fiorina, "Economic Retrospective Voting in American National Elections: A Micro-Analysis", *American Journal of Political Science*, Vol. 22, No. 2, 1978, pp. 426-443; Robin Harding, "Attribution and Accountability: Voting for Roads in Ghana", *World Politics*, Vol. 67, No. 4, 2015, pp. 656-689.
④ R. Weaver, "The Politics of Blame Avoidance", *Journal of Public Policy*, Vol. 6, No. 4, 1986, pp. 371-398; David Doherty, Laurel Harbridge-Yong, "The Effects of Blaming Others for Legislative Inaction on Individual and Collective Evaluations", *Legislative Studies Quarterly*, Vol. 45, No. 1, 2020, pp. 69-99.
⑤ William Nordhaus, "The Political Business Cycle", *The Review of Economic Studies*, Vol. 42, No. 2, 1975, pp. 169-190; Eric Dubois, "Political Business Cycles 40 Years after Nordhaus", *Public Choice*, Vol. 166, No. 1-2, 2016, pp. 235-259; Daniel Strobl, Hanna Bäck, Wolfgang Müller, Mariyana Angelova, "Electoral Cycles in Government Policy Making: Strategic Timing of Austerity Reform Measures in Western Europe", https://www.cambridge.org/core/journals/british-journal-of-political-science/article/electoral-cycles-in-government-policy-making-strategic-timing-of-austerity-reform-measures-in-western-europe/89FD7C7E1912BE408A1F502F24001BCA.

（二）问责必须是对落选者的严厉惩罚，是他们不能承受之重

别无所长的公务员如果犯了错误，可能被警告、停职、开除、永不录用甚至担负刑责，那的确是严厉的惩罚，因为他们可能失去谋生的饭碗。相较而言，把代议士不再连任称作一种"惩罚"，有点莫名其妙。

实际上，美国总统下台后，才是更富足人生的开始。以过去40余年里的6位总统为例，不管是干满两届也好，干了一届就被赶下台也好，担任过总统的人都是"一登龙门，身价数十倍"。以奥巴马为例，他30来岁时就出版了《我父亲的梦想》，但销售惨淡；那时，他住在公寓中，有两辆车，而且其中一辆有故障。展开白宫大位的角逐后，他那本书才开始大卖。然而，他真正的财运却是卸任之后才开始的。他的讲演费是六位数，一次讲演可以获得高达40万美元的酬劳，媲美他在白宫时的年薪；连他夫人的讲演费也水涨船高，约20万美元一次。这对夫妻的稿酬更高，离开白宫后，他们签下了高达6500万美元的书约。此外，他们还开发了其他多类收入来源，可谓财源滚滚。进入白宫时，奥巴马夫妇的净资产约为130万美元，现在已升至4000万美元，增加了30倍。有什么样的投资可以在短期内带来如此之高的回报？

美国的国会议员们没有"龙门"，却有"旋转门"（the revolving door）。1957年，《国会季刊》（*The Congressional Quarterly Almanac*）报告说，当时已有10名左右前国会议员登记为说客；到1994年，同一刊物报告说，25%的前国会议员回到了国会大厦，成为代表特殊利益集团的说客。1999年，专门追踪美国高层政治的"回应性政治中心"（The Center for Responsive Politics）将138名前国会议员列为注册说客[①]；

[①] Adolfo Santos, *Do Members of Congress Reward Their Future Employers: Evaluating the Revolving Door Syndrome*, Lanham: University Press of America, 2006, p. ix.

2020年，同一中心列举了475位在世的国会议员，其中354名参与游说活动，有些是注册说客，有些则以别的身份（如顾问、咨询、培训等）从事"影子游说"活动①。据一位政治学者估计，参与游说的前国会议员数目可能比登记说客人数高出一倍。②

为什么越来越多的国会议员做出这样的选择？原因很简单，美国国会议员现在的年薪是17.4万美元，本已属于高薪阶层；但如果他们离开现职，加入游说行业，至少可以获得5倍的收入，这不能不说是十分诱人的出路。③ 事实上，即使在任时，有些国会议员也已身在曹营心在汉，开始骑驴找马。他们会在某些政策领域频频动作，取悦那些未来的潜在雇主，显示自己的可利用价值。④

更重要的是，在选用说客时，为什么各大公司、特殊利益集团甚至外国政府这么青睐美国前国会议员？原因也很简单，这些人熟悉国会的运作，对其正式规则、潜规则、人脉都了如指掌。换句话说，担任国会议员相当于投资一种其他人难以企及的稀缺资产；拥有这类资产的"内

---

① Herschel Thomas, Timothy LaPira, "How Many Lobbyists Are in Washington? Shadow Lobbying and the Gray Market for Policy Advocacy", *Interest Groups & Advocacy*, Vol. 6, No. 3, 2017, pp. 199 - 214; Karl Evers-Hillstrom, "Recent Ex-Members of Congress Head to K Street as 'Shadow Lobbying' Escalates", https://www.opensecrets.org/news/2019/05/recent-ex-members-of-congress-head-to-k-street-as-shadow-lobbying-escalates; The Center for Responsive Politics, "Former Members", https://www.opensecrets.org/revolving/top.php? display=Z.

② Tim LaPira, "How Much Lobbying Is There in Washington? It's DOUBLE What You Think", https://sunlightfoundation.com/2013/11/25/how-much-lobbying-is-there-in-washington-its-double-what-you-think.

③ Lee Drutman, "About Half of Retiring Senators and A Third of Retiring House Members Register as Lobbyists", https://www.vox.com/2016/1/15/10775788/revolving-door-lobbying.

④ Adolfo Santos, *Do Members of Congress Reward Their Future Employers: Evaluating the Revolving Door Syndrome*, Lanham: University Press of America, 2006; Michael Shepherd, Hye You, "Exit Strategy: Career Concerns and Revolving Doors in Congress", *American Political Science Review*, Vol. 114, No. 2, 2020, pp. 617-618.

行人",掌握了影响他们以前的同事、影响国会各种决策的诀窍①;在国会任职时间越长,职位越重要,其附加值越高②。在一项关于游说功效的综合研究中,5位政治学家考察了98个议题的决策过程,试图找到有些游说成功而另一些失败的原因。他们最终得出结论,雇用有"旋转门"经验的游说者十分关键,可以达到事半功倍的效果,比没有雇用这类游说者的客户更容易达到自己的目的。③

如此一来,不管因为什么原因下台,很多国会议员都信心满满,他们清清楚楚地知道,自己在政治游说市场上奇货可居、炙手可热,不愁没有雇主上门。一般而言,前国会议员的游说活动收费比其他游说者更高,但市场不缺愿意承受较高游说费用的客户,因为这些客户知道,一分价钱一分货,有"旋转门"经验的游说者性价比相当高,他们才不会在乎前国会议员是否被"问责"过。前国会议员的其他出路也不错,从事的都是令人羡慕的工作。④"问责"后还能高薪厚禄,这算哪门子"惩罚"?

以上从两个侧面论证了问责论不能成立:选民往往无法对具体代议士进行确责,当然也无法对其问责;代议士不再连任并非他们不能承

---

① Todd Makse, "A Very Particular Set of Skills: Former Legislator Traits and Revolving Door Lobbying in Congress", *American Politics Research*, Vol. 45, No. 5, 2017, pp. 866-886.

② Pamela Ban, Maxwell Palmer, Benjamin Schneer, "From the Halls of Congress to K Street: Government Experience and Its Value for Lobbying", *Legislative Studies Quarterly*, Vol. 44, No. 4, 2019, pp. 713-752.

③ Frank Baumgartner, Jeffrey Berry, Marie Hojnacki, Beth Leech, David Kimball, *Lobbying and Policy Change: Who Wins, Who Loses, and Why*, Chicago: University of Chicago Press, 2009; Jeffrey Lazarus, Amy McKay, "Consequences of the Revolving Door: Evaluating the Lobbying Success of Former Congressional Members and Staff", https://ssrn.com/abstract=2141416.

④ The Center for Responsive Politics, "Revolving Door: Former Members of the 115th Congress", https://www.opensecrets.org/revolving/departing.php?cong=115.

受之重,这根本不是真正意义上的问责。

三、代议士们到底为谁服务?

综上所述,代议民主理论所依据的七个暗含假设均不成立。既然授权论、问责论都不能成立,既然代议民主的体制机制安排不能确保代议士为民做主,我们必须追问:赢得选战的代议士们到底是些什么人?他们到底倾向于替何人服务?

20世纪上半叶,当普选权与大众政党结合在一起时,有些欧美国家的议会里曾一度出现过少数普通人的面孔,但这只是昙花一现。随着大众政党的衰落,这些国家的议会基本上已回归到寡头俱乐部的原形。在英国下议院议员中,工人出身的占比已从1951年的17.5%降至2017年的2%。[1] 而在英国成年人中,仍有60%的人自认为属于工人阶级。[2] 就连一向偏袒资本利益的《金融时报》也刊文发出感叹,"英国工人阶级议员成了稀缺品"[3]。

从1850年到21世纪,其他欧美国家的工人议员占比几乎从未超过10%,且在二战前后达到顶峰。随着大众政党的衰落,在几乎所有这些国家(如德国、法国、意大利、荷兰、挪威、瑞典、芬兰、澳大利亚、加拿大、瑞士),工人议员占比已齐齐滑落,于21世纪跌至5%以下,不少

---

[1] UK Parliament, "UK Election Statistics: 1918-2019", http://researchbriefings.files.parliament.uk/documents/CBP-7529/CBP-7529-.download.xlsx; Oliver Heath, "A Growing Class Divide: MPs and Voters", in Philip Cowley, Robert Ford (eds.), *Sex, Lies and Politics: The Secret Influences That Drive our Political Choices*, La Vergne: Lightning Source Inc., 2019.

[2] J. Curtice, M. Phillips, E. Clery, *British Social Attitudes: The 33rd Report*, London: NatCen Social Research, pp. 4-5.

[3] Jim Pickard, "British Working-Class MPs Becoming A Rarity", https://www.ft.com/content/9285155c-6351-11e3-a87d-00144feabdc0.

国家接近于零。① 同样的情况出现在西欧、中东欧、经济合作与发展组织成员国、拉丁美洲等全球绝大多数国家的议会中。

美国尤其糟糕,从1789年至今,众议院的席位已经换了14 000多次,其中律师、商人、医生像走马灯一样进进出出,但很难看到蓝领工人的身影。"从1780年到1930年,三分之二的参议员和大约一半的众议院议员是律师。"②其后,律师比重略降,生意人比重上升,与其并驾齐驱。近年来,与其他西方国家一样,职业政客已成为美国国会议员的最大来源。如果把各路精英归为一类,大量数据显示,在过去200多年间,美国国会的成员构成几乎没有发生过什么变化:精英们一直占据着绝大多数席位,工人出身的国会议员极为罕见。目前,国会议员的家庭净资产价值中位数是美国家庭净资产中位数的11倍左右,称得上是富翁治国。③

西方一些学者试图证明,代议士出身于哪个阶层无关紧要,只要是选举产生的,他们就会为民做主。这些说法假设选举产生的代议士都是没有私利、没有偏见、一心为公、克己奉公的活圣人,毫无说服力。更合理的假设是:(1)来自不同阶层的代议士带有不同的视角,其出身背

---

① Maurizio Cotta, Luca Verzichelli, "Paths of Institutional Development and Elite Transformations", in Maurizio Cotta, Heinrich Best (eds.), *Democratic Representation in Europe: Diversity, Change, and Convergence*, Oxford: Oxford University Press, 2008, pp. 417–473; Peter Esaiasson, Sören Holmberg, *Representation from Above: Members of Parliament and Representative Democracy in Sweden*, Aldershot: Dartmouth, 1996.

② Lawrence Friedman, *A History of American Law*, New York: Simon & Schuster, 1985, p. 647.

③ R. Petersen, *Representatives and Senators: Trends in Member Characteristics Since 1945*, https://fas.org/sgp/crs/misc/R42365.pdf; Nicholas Carnes, "Does the Numerical Underrepresentation of the Working Class in Congress Matter", *Legislative Studies Quarterly*, Vol. 37, No. 1, 2012, pp. 12–13; Nicholas Carnes, "White-Collar Government in the United States", *Swiss Political Science Review*, Vol. 21, No. 2, 2015, pp. 214–215; Nicholas Carnes, *The Cash Ceiling: Why Only the Rich Run for Office and What We Can Do about It*, Princeton: Princeton University Press, 2018, pp. 6–7.

景会影响其履职行为;(2)精英出身的代议士倾向于代表精英权贵阶层的利益,而不是代表普通劳动人民的利益;(3)由精英独霸的议会倾向于制定出偏向精英权贵阶层的政策,从而加剧社会不平等与政治两极化。

  这些假设符合人们的日常经验,也得到了一批学术性研究的证实。在一项题为《美国政治的检验理论:精英、利益群体和普通公民》的实证研究中,美国普林斯顿大学和西北大学团队分析了美国政府1981—2002年制定的1800项政策,其结论是:"经济精英与代表公司的利益压力集团对美国政府政策有显著的影响力,而代表普通民众的利益集团与一般老百姓的影响非常小甚至完全不存在。"[1]主持该项研究的学者相信,在美国,政治影响力分布得如此不平衡、不平等,它的政治体制完全不能代表普通老百姓,其实际上不是民主制,而是寡头制。[2]

---

[1] Martin Gilens, Benjamin Page, "Testing Theories of American Politics: Elites, Interest Groups, and Average Citizens", *Perspectives on Politics*, Vol. 12, No. 3, 2014, p. 565.

[2] Jeffrey Winters, Benjamin Page, "Oligarchy in the United States?", *Perspectives on Politics*, Vol. 7, No. 4, 2009, pp. 731-751; Jeffrey Winters, *Oligarchy*, Cambridge: Cambridge University Press, 2011, pp. 211-253.

第四章
身份何以重要？何以成危机？

时　　间：2023年9月3日
地　　点：线　上
主 持 人：谭安奎（中山大学教授）
与谈嘉宾：何怀宏（北京大学教授）
　　　　　任剑涛（清华大学教授）
　　　　　郭忠华（南京大学教授）
　　　　　庞金友（中国政法大学教授）
　　　　　郭台辉（云南大学教授）
阅读文本：弗朗西斯·福山，《身份政治：对尊严与认同的渴求》，刘芳译，中译出版社2021年版
文本作者：弗朗西斯·福山（斯坦福大学高级研究员）

主持人语

谭安奎

欢迎直播间的各位同行和同学们！开学之际，我们非常高兴邀请大家参加我们政治学人大讲堂"我们一起阅·探"系列的活动。这个系列由云南大学郭台辉教授策划，云南大学民族与边疆学部主办，在政治学人哔哩哔哩平台进行全国直播。今天我们将讨论和对话的图书，是福山先生的著作《身份政治：对尊严与认同的渴求》（下文简称《身份政治》）。尽管福山先生本人未能亲临，但我们将有五位专家学者共同参与，一起讨论这部作品。我们的讨论不局限于此书内容，还将包括对"身份政治"这一广泛议题的深入探讨。根据策划人郭台辉教授的安排，我首先简单做个引言，然后介绍今天参与主题发言的嘉宾。

大家都熟知福山，尤其自从发表"历史终结论"以来，他在学术界和思想界引发了对重要社会政治议题的讨论，并引起广泛争议。最近，他的作品《身份政治》再次成为讨论焦点。福山在作品中对写作背景进行了简要交代，我们对这个背景已经非常熟悉，甚至可以说了如指掌。其中直接的背景可以归纳为两个方面。第一，2016年特朗普当选美国总统。这一事件以及随后发生的一系列事件，被视为美国国内统一政治认同面临的重大危机。因此，有人称特朗普为美国的"分众国"总统，而不是"合众国"总统。这个问题并没有因为特朗普卸任和拜登上台而得到解决。这是一个明显的现象，即美国社会内部存在分裂。第二，某些普遍主义的追求和价值观在西方文明核心地带遭遇重大挑战，包括全球化遭受重大挫折，最典型的例子是英国脱欧。这两个直接背景被认为是福山开始反思身份政治问题的出发点。当然，这只是直接的起点，背后的渊源更为深远，包括社会政治运动等。简单来说，传统的西方，尤其是美国的左翼，擅长从事身份政治，这引发了越来越多的争议，也被称为"政治正确"。"政治正确"直接刺激了右翼对它的回应，这种回应以一种可能出乎左翼意料的方式深化或促进了身份政治的进一步发展。

这部作品的背景不局限于当下，从时间上来看，它持续存在了几十年之久。政治身份是一个自古以来就存在的现象，但对我们而言，身份政治是一种挑战。在现代政治中，它一直是一个潜在的主题，这种说法可以追溯到泰勒（Charles Taylor）对现代性的评判。当我们讨论身份政治和社会分裂时，有时候会自然地认为，社会分裂是经济不平等导致的。也就是说，我们可能会倾向于将身份政治还原或简化为我们常说的分配正义问题，甚至是阶级问题或阶层问题，但是能否真正还原或简化身份政治的问题是值得怀疑的，福山在这部作品中也提出了这个问题。实际上，在他看来，身份政治问题促使我们重新认识人类的动机，也就是我们今天所说的"人性"。因此，在《身份政治》这部作品中，福山再次寻求古典哲学资源，尤其是大家熟悉的柏拉图式三分法对灵魂的划分，其中的一个部分在中文中被翻译为"激情"或"血气"。这种对激情或血气的理解不能简单地还原为经济上的计算或狭义的理性计算，这是一个挑战。在讨论身份政治时，我们经常会涉及一些具有伦理色彩和强烈情感色彩的词汇，比如怨恨、羞辱等。这些东西被认为不能简单地还原为经济利益或单纯的利益计算，因为它们超越了纯粹的理性计算，给现代政治带来了很大的挑战。不能被还原意味着福山在作品中所提到的,不仅仅是一个简单的"邮寄地址写错了"的问题——本来要给阶级的信息,却似乎发送到了宗教群体中;不能被还原,会引发值得我们关注和关心的伦理、情感甚至心理上的问题。

"身份政治"和"差异政治"带来的挑战,源于它们以群体为本位,而现代政治分析通常以个体为基本单位。在解释这些群体本位的政治现象时,需要考虑如何从个体的角度转向对群体的解释。福山在《身份政治》中可能也面临这个问题。在给予个体和人性内部灵魂的划分之后,从"个体"转向对"群体本位"的解释确实是一个复杂的问题。因为群体涉及更多的社会、文化和历史因素,而个体的行为和思维可能在群体中发生微妙的变化。福山的著作可能提供了一些启示,他强调群体认同、集体意识形态等对"身份政治"和"差异政治"的影响,然而,是否充分解决这个问题可能因不同观点而有所争议。因为这涉及对政治现象的多维解释和分析,不同学者可能有不同的看法和方法。要解决这个问题,我们可能需要更深入地掌握群体心理学、社会动态和政治文化等方面的知识,同时综合运用多种分析方法来理解"身份政治"和"差异政治"的复杂性。这需要学者们的持续讨论和深入研究,以更全面地把握和解释现代政治中群体和个体相互作用的关系。

回到我刚才提到的泰勒。在现代社会和现代性中,泰勒曾强调了"本真性的自我"这一重要方面。这种自我理念是个人主义的,意味着个体倾向于探寻内在的真实自我,而不是依赖外部社会的标记来确认身份。然而,真正获得他人承认,却需要进行对话,得到公众认可。

在传统社会中,每个人的身份往往为外部秩序、伦理和政治框架所确定。因此,我们所追求的"承认"通常已经被外部秩序解决。然而,在现代社会和政治中,我们的"承认"成为一个悬而未决的问题,需要另一种形式的外部认可,这也正是现代政治面临的挑战。福山在《身份政治》中强调了这一核心概念。现代社会中,个体需要在公共领域争取对身份的认同和承认,这个过程可能是复杂和具有挑战性的。身份政治的问题在于,个体或群体在社会中的认同和认可并不总是明确和稳定的,而需要通过政治参与、对话和社会互动来达成共识。这种复杂性使得现代政治面临更多的社会分歧和冲突,也需要我们对公共空间和政治秩序进行深入的思考和探讨。

因为要寻求外界的"承认",又要强调"本真性的自我",所以"承认"政治的问题,虽然自古有之,但在现代社会和现代政治当中被强化了,它的重要性得到了凸显。简单来说,因为身份政治问题具有很多明确的、我们感受到的非理性、标签化特征,超越了道德、伦理理性上的可讨论空间,所以很难妥协,无法进行对话,这给现代政治秩序带来了重大冲击。福山试图结合美国包括欧洲的实践,结合古典的哲学资源,对这个问题提供一套解释。

对《身份政治》这部作品的解释"是否连贯",并不是我个人可以得出结论的,因为我们将会听到五位专业研究者对这个问题给出的独到的思考和判断。因此,接下来的讨论将不仅关注这本书本身,更重要的是对"身份政治"这一问题在理论上的深入思考。这样的讨论和思考至少具有三个层面的意义:第一,关注特殊而多元的身份群体如何在现代政治框架中得到认可和安顿;第二,如何在国家范围内维护有效的统一政治身份认同;第三,涉及普遍主义的前景和开放世界的未来,在讨论身份政治时,可能会牵涉到民族主义等议题,在这种情况下,普遍主义的前景和开放世界的可能性是怎样的?从群体到亚群体,从国内的身份认同到国家统一的政治认同,再到普遍主义的可能未来,这三个层次的问题既具有理论上的重要性,也具有现实上的迫切性,与身份政治的议题深刻关联。

那么,各位学者怎么去思考这个问题呢?台辉教授邀请到学界有重要影响力且在身份政治领域有重要思考和研究的学者跟大家分享。下面我简单地介绍五位主题发言人:第一位是北京大学何怀宏教授;第二位是清华大学任剑涛教授;第三位是南京大学郭忠华教授;第四位是中国政法大学庞金友教授;第五位云南大学郭台辉教授。欢迎五位主题发言人!

哪些身份？ 何种政治？

何怀宏

我对身份政治没有系统的研究，以前曾写过一篇关于身份政治思想溯源的文章。今天在这里，我主要想尝试梳理一些最基本的概念，并提出一些问题。

第一个问题：哪些身份？我们每个人都有多种身份。我们从出生开始就不由自主地有很多身份，随着我们的成长还会有更多身份。当然，越来越多的身份是自己选择的。所有人都有一个共有身份，如作为人类的一员。还有一些身份也是所有人都具有的，但是具体身份又有不同，如国籍。部分人具有某种特殊取向的身份，这种身份对内部可能有凝聚力，但对外部也可能有抗衡性。在求同中总是有求异，甚至有时候，越是小型的群体，越是表现出追求差异的倾向。

另外，我可能会看重自己的某些身份，但并不愿提及另一些身份，而我们自己所看重的身份和别人所看重的并不总是相同的。在很多年前的新兵时期，我听说我们班长曾经做过山里的放牛娃，我很是羡慕，觉得他一定有很多故事。但是当我问他时，他却很不高兴，不愿意提这件事，认为提及这个身份对他来说是一种冒犯。看来是我自己过于浪漫了！我讲这个例子，想要表达的是身份代入要谨慎，尤其是对知识分子而言。如果我们不是某个特定身份团体的成员，没有那种亲身经历和真切感受，却自认为能代表某个身份团体，那么我们可能会犯下错误。

有些身份是要刻意隐瞒的，100 年前同性恋者会集体隐瞒自己的身份，但现在情况已经大大改变了。尽管如此，仍有不少人不愿意公开自己的身份。在这个社会里面，哪些身份被看重，与这一身份是多数还是少数，以及这一地位是强势还是弱势有关。

在美国的身份政治中，人数因素确实很重要。不同身份群体在社会中的人数和地位可能会影响他们的政治影响力和社会地位。在美国，不同身份群体的权益和需求往往会受到关注。特别是对于那些处于弱势或少数群体的人来说，他们更需要获得公平和平等的机会。当我们是"多数人"时，我们应该加倍努力去理解和体会少数人的感受。少数群体常常受到多数群体的歧视、排斥甚至侮辱，这些不经意的伤害是多数人难以体会的。

身份政治中强势和弱势的地位也非常重要。尽管少数群体在数量上相对较少，但这并不意味着他们在所有情况下都是弱势的。事实上，一些少数群体可能在某些方面具有强大的资源和优势，使得他们在特定情况下成为强势群体。在身份政治中，关注弱势群体是很重要的。这些弱势群体可能在历史上遭受不公正对待，或者受到社会中其他强势群体的排斥和压制。为了促进社会公平和平等，我们需要特别关注这些弱势群体的权益，并为他们争取平等的权利和机会。然而，弱势群体并不孤立存在。在争取自身权益的过程中，他们常常会得到一些其他少数群体或者多数群体的支持。以美国为例，黑人群体在摆脱奴隶制度和种族隔离歧视的斗争中，得到了很多白人群体的支持，这种团结和合作有助于推动社会的进步和变革。

在身份政治语境中，重要的是要认识到不同群体之间的联系和相互影响。虽然少数群体可能是弱势的，但他们的利益往往与其他群体的利益紧密相关。通过团结与合作，我们可以共同推动社会的发展，实现更加公正和包容的社会秩序。

如果制度和舆论能够确保所有人都享有真正的权利和平等,这将确保每个人作为个体和公民的基本权利得到尊重和保护,而不被身份差异限制。然而,在现实中,人与人之间的差异是无法避免的。每个人都有自己独特的身份和经历,以及不同的追求和目标。有些人可能愿意不择手段地争取自己的自由和尊严,但这并不是另外一些人的追求。有些人可能追求优秀和卓越,甚至追求权力和主宰地位,这导致社会中不同群体之间存在差异。

福山在谈到"承认"的问题时,强调需要获得所有人的承认。这可能在理论上有一定道理,因为社会的共识和认可是确保公平、平等的基础。然而,现实中得到所有人的承认很难完全实现。因为人们的观念和态度各不相同,总会有人持不同意见。因此,社会在追求公正和平等的过程中,可能需要在多数人的支持和理解下,争取保障少数群体的权利和尊严。

第二个问题:身份政治的来源是哪一种政治?政治与权力密切相关,因此我们可以大致将其分为两种类型:一种是治理和统治的政治,这可能是主要形式;另一种是民间政治、社会政治、抗议政治甚至反抗政治(包括暴力反抗政治)——这可以被称为"在野的政治",与前者"在朝的政治"有所不同。目前,美国的身份政治基本上属于一种抗议政治、社会运动政治和非暴力反抗政治。与其他形式的反抗政治相比,它具有显著的不同之处,不再是两军对战的政治。当然,我们仍然可以大致将之划分为两个阵营,可以粗略地称之为进步和保守两大阵营。然而,与过去的阶级斗争相比,它有一个相似之处,即动员性质。但是,身份政治的组织并不严密,缺乏统一领导,并且经常在目标和方向上存在分歧,内部也经常发生分裂。它不追求政治权力,不寻求推翻旧政府并建立新政府,但确实希望改变社会、争取立法。

非暴力的抗议运动分为两种形式：一种以"身份政治"为主导，另一种以"公民不服从"为主导。尽管两者都是为了抗议，但它们的方式和目标存在差异。"公民不服从"主要通过采取违法行动来唤醒人们的良知，追求某种局势的改变，并通常旨在争取公民的平等身份。如今，美国的身份政治主要在舆论场上活跃，也可以说是一场言论斗争和文化战争。这种形式的抗议运动主要经由争取特定立法的通过来实现目标，例如同性恋婚姻法的通过。此外，它还可以通过施加压力的方式产生影响，例如让反对者失去工作机会，或迫使公司和机构解雇被认为违反政治正确的人员。这么看来，今天的知识分子在舆论场上倒是占有某种优势。

我曾提出"动员时代"概念，与"思想启蒙"有所不同，"动员"强调通过行动来实现目标，而这个概念最初是军事性质的。身份政治也具有某种动员性，它需要直接或间接地引导行动。然而，对身份政治的发展，我们目前仍处于观察阶段，既有欣喜也有忧虑。这引发了一系列问题：身份政治会走向何方？它是有利于团结还是可能导致分裂？它会锻炼我们的意志，还是使我们的心灵变得更娇弱？现在，个体的心理不适似乎成了推动行动的理由，社会中存在各种各样的不适。如果我们试图完全满足某个或某些社会群体的需求，就可能会导致其他群体的不满。因此，我们需要努力寻求一种平衡，平衡各个群体的需求和利益——我一直强调平衡的重要性。在这个过程中，我们需要审慎思考身份政治的演进方向。它可以成为凝聚群体力量的工具，也可以导致对立和分裂。我们应该努力推动身份政治的发展，使其成为一种促进社会和谐、理解和尊重的力量，而不是进一步加剧社会矛盾。

总之，身份政治的未来走向对社会稳定和发展具有重要意义。我们需要持续观察和探索，寻求一种能够促进共识、理解和平衡的发展模式。

辨异与求同之间的身份政治困局

任剑涛

感谢主持人和策划人给予我这个宝贵机会,让我能够与各位同行和网友分享一下我对福山《身份政治》这本书的一些阅读体会。福山的这本书虽然体量不大,但是"问题很大"。所谓"问题很大",主要体现在两个方面。首先,身份政治正在颠覆契约政治或者说现代政治,成为现代世界发展的一种趋势,从美国到欧洲再到日本,对现实政治实践造成了重大挑战,因此可以说是一个重大问题。其次,福山自撰写《历史的终结与最后的人》开始,一直怀有宏大的理论抱负。他能够将一个现实问题扩展为一个庞大的理论解释系统,但客观地说,他的解释并不够精细。如果我们说他"东拉西扯",可能有点不太尊重,但要说他有一个自洽的解释,实在是有些勉强。他的基本思路是将古今思想史的线索与现代政治实践中具体的挑战或问题相连接,试图解释这些问题,这使他成为现代国际学术界罕见的对宏大叙事特别偏好的学者之一。

受科学实证主义影响,美国的社会科学研究越来越琐碎、无聊,因此当美国学者阅读福山的这本书时会感到刺激。这本书依次介绍了古今重要的思想家,尤其是欧洲的重要思想家。在阅读福山的作品时,有时候我们不知道福山到底是在描述现实问题,还是在强调思想上的深刻渊源和生成机制;《身份政治》这本书也存在这个问题。福山刻意将他真正的祖国(日本)排除在外,但这却没有引起学界注意。我觉得他提出了"日本例外论",也就是说日本与欧美不同。他基本上把欧美"一锅煮",即他将欧美当成了现代原型。在某种意义上,福山这样一种对身份政治的解释,得放到他对现代问题的关注脉络中去理解。

福山在写了《历史的终结与最后的人》之后,发现欧美没有强有力的外部敌人。因此,在历史已经宣告"终结"的情况下,就轮到了人类绝对精神的运转,发现人自身的精神觉悟。但在宣告这个终结以后呢?福山突然发现,西方国家自身的问题出来了。没有外部敌人,内部敌人就要出来了。他通过"信任",首先解释了西方社会发达的理由,这主要得益于工业化;但福山发现从工业化到后工业化的演变过程中存在一个重大的断裂,这就是 20 世纪 60—90 年代出现的离婚、家庭崩溃、犯罪率陡然升高等严重的社会失序现象。他由此撰写了《大断裂》,想从人类本性的角度来探讨政治秩序的重建问题。但是愈探讨,问题愈复杂:第一,从时间脉络上来讲,西方没有外部敌人后,内部张力凸显,因而社会问题越来越多,这个时间线路比较复杂;第二,从理论问题上来解释,这产生了一个重大的逆转。

《当代美国评论》曾组织了一个"身份政治专栏",我应邀写了一篇文章。其中写到,梅因(Henry Maine)对现代社会有一个非常精练的概括,就是从传统的身份社会转变为现代的契约社会。传统秩序被打破以后,人们建立了一般的社会契约,成为一个新型的社会形态。但是这种变化遇到一个重大的挑战,那就是谁来主导这个契约社会,这就涉及身份争夺问题,或者身份的重新辨认问题。因而,反过来就有保守主义者提出了"从契约到身份"的再次变化。这时候,身份开始生成,并面临着对契约政治、立宪政治和民主政治的挑战。那么,我们需要研究的问题是什么呢?它涉及社会内部对个体身份的辨认。早期,人们主要关注的是阶级身份。马克思对整个欧美社会理论产生了深远影响,阶级分析成为主流方法,反驳阶级分析的方法也就成了维护西方主流社会的手段。然而,问题在于,阶级这种身份能否涵盖一切呢?显然不是这样,我们现在仍然需要将阶级身份作为一种基本身份来分析。福山也陷入了这个误区。他认为,我们把"信件"寄错了"地址",本应该寄给阶级,却寄给了宗教。实际上,他过于强调了阶级身份的极端重要性。

无论西方社会是否意识到,他们都深受马克思主义的影响,没有人可以逃避。然而,问题还在于"身份"。福山也明确指出,一旦进行身份辨认,就会涌现出各种身份,如性别、肤色和民族等。由于现代国家是民族国家,而民族需要进行民族辨认,这就需要塑造民族身份。在多元民族国家中,多样的社会民族与单一的国族之间,并不是自然而然的关系。世界上没有一个真正建立在单一民族基础上的国家,因此,身份问题就出现了。此时,由于自由主义设定了个体,特别是个体的自我意识的重要性,个人认同和群体认同之间的鸿沟就越来越大。因此,个人追求社会认可的过程可以被视为主仆关系的颠倒,这也是黑格尔的观点。随后,通过法权的相互承认,大致解决了个人身份的增殖问题。然而,问题在于一旦群体身份出现,不同群体身份交织在一起,又会衍生出其他问题。例如黑人,有人说从西印度群岛移民来的黑人在美国发展最好,85%的成功黑人来自西印度群岛,而来自非洲的黑人大部分没有获得社会上升的机会。这样,我们可以看到阶级身份、宗教身份、肤色身份和种族身份的重叠,使得黑人面临着更多的挑战。因此,个体身份和群体身份实际上是现代民族国家的基本身份。

我们之所以讨论身份政治,就是希望能够解决身份政治问题,但这是一种傲慢的期望。身份政治导致了身份的多样性和无限性,因此很难化解。此外,正如主持人谭安奎教授刚才提到的,福山解释了身份的深层含义,源自古希腊的西方传统将人的灵魂划分为三个构成部分。

首先是欲望,然后是理性。理性本来是用来控制欲望的,但人类又是情感动物。我们还有一种血性,也可以称为激情。激情本来是帮助理性控制欲望的,但现在激情本身不满足于这种身份。特别是受到自由主义、个体主义的推动,当一个人在社会生活中寻求他人的合法认可时,就会形成个体和群体之间的重大分裂。对于个体来说,我们刚才已经强调过,通过个体自我的相互认同和宪法的规定,这个问题已经得到解决;然而,群体身份并没有得到明确解决。个人因为外在自我对内在自我的压抑而产生怨恨,这种怨恨在灵魂深处形成了强烈的动力,并通过社会行动的方式外显出来,这就形成了群体。因此,身份政治的问题无法消解,最多只能减弱。因此,到今天为止,身份政治已经不再是挑战契约政治的问题,而是身份政治自身的困境。身份政治在实践和理论上都遇到了障碍。困境是什么?困境是随着身份的分化与差异化,越来越无法通过社会运动和理性协商来解决问题。身份政治在前进过程中遇到了一个巨大的矛盾,即人们要在一个民族国家中相处。如何相处?需要寻求共同点。但这个共同点是什么呢?可以参考福山的观点。

福山提出了一个重建"信条国家"的方案,即重新认同普遍身份,将身份政治转向公民政治。然而,这并非易事。要实现这一目标,需要解决三个问题。第一,在宪法上真正解决个人和集体身份的问题。这正是政治学家达尔(Robert Dahl)所强调的,我们需要更好的民主,但不能颠覆现有的宪法,而是通过宪法修正案来改良政治。第二,身份政治所带来的怨恨通常无法化解。然而,怨恨可以朝两个方向发展。首先是敌对性行动,从而变成仇恨。舍勒(Max Scheler)强调,怨恨与仇恨不同,怨恨主要是一种诉诸改良性观念和行动的情感,而仇恨则是一种阶级斗争的你死我活。当共同体陷入仇恨时,国家最终会瓦解。因此,我们要在国家认同的前提下进行斗争,承认法治、宪政和程序化的司法过程,为社会提供基本福利。在这种道德关怀下,社会基本上可以缓解紧张局势。第三,身份政治的主导者不应为争取选票而忽视公共利益。政治人物在塑造公共理性时,必须清楚自己所承担的公共责任。只有这样,才有可能通过寻求共同点来建立一个庞大的制度平台,这可能是化解身份政治张力、恢复民主政治秩序的途径。

去往丹麦路上的"身份障碍"

郭忠华

这里所说的"丹麦",其实沿用了福山《政治秩序的起源》一书中提到的"通往丹麦",这是他对理想政治的一个构思。在这里,我把身份政治放到这个框架里面去讨论。

首先,我们要认识到《身份政治》这本书在福山的思想脉络当中处于怎样的地位,在此基础上对他的身份政治理论作出评价。

在福山的著作中,让我印象最深刻的,是他继承自导师亨廷顿的政治发展主题。亨廷顿主要研究发展中国家、第三世界国家的政治情况,但也提到了"丹麦梦"这个概念,即对理想政治秩序的构思。福山也借用了这个概念,将其与身份政治议题结合起来,探讨当代社会面临的挑战。什么是"丹麦梦"?亨廷顿认为,就是富强、民主、安全、治理良好、低水平的腐败。在通往"丹麦梦"的路上,要经历三个环节,即国家建构、法治、问责。

福山始终将"制度"和"心理"这两条线索紧密结合在一起,尤其是在《政治秩序的起源》中,他表达了自由民主政治制度的来源是对承认和尊严的追求。这条线索贯穿了他的全部著作,包括《身份政治》。在这本书中,他把身份问题放入其总体框架中进行阐述。在这个框架下,他回答了国家建构、法治、问责等问题。他也明确提到了心理这条线索,包括信任、身份政治等,这些都是国家繁荣、国家建构背后的心理动力。

关于身份政治，福山进行了简单的阐述，尤其是激情所导致的对尊严和承认的追求。福山认为，这些心理层面的追求对于解释许多政治现象非常重要。他认为，身份政治是现代政治发展中的一个重要方面，它牵涉到个体对身份认同的需求，以及对自己在社会中地位和价值的承认。在全球化、多元化背景下，身份政治成了社会中的重要议题，影响着人们的政治态度和行为。

在福山看来，可以从两个维度来理解身份政治的出现：平等的追求和卓越的追求，个人层面和群体层面。身份政治的出现，主要源于人们对内在尊严的渴望超过社会的承认导致了内外不平衡。

福山将身份政治的发展追溯到 19 世纪，并将其分为两个阶段：第一个阶段是现代民主政治的发展，即从过去不平等的社会走向人人平等的社会，也就是"从身份走向契约"；第二个阶段是在现代社会中，群体的差异要得到承认，而不是被消弭在人人平等的框架中，这导致了国家身份认同的丧失。福山认为，身份政治涉及大量少数族裔、新宗教群体、新社会运动主体、传统社会群体以及产业功能群体等。这些本应是传统左派关注的阶级不平等问题，但现在被转换成了身份问题，形成了身份政治挑战，表现为暴力冲突、政治极化以及理性对话基础的丧失。有鉴于此，福山提出"通往丹麦的路"，即通过解决身份政治问题来实现更加理性、更加稳定的政治秩序。

在身份政治中，关键是解决一元国家与多元身份的问题。福山提出了"信条"概念，即对国家的信仰。身份政治的发展导致国家的分裂，使国家趋向碎片化。为了维持并发展理想中的政治秩序，必须将小的身份群体置于大的身份群体之中。为了重建信任和公民身份，需要加强整体群体的凝聚力，这就需要扩充公民身份的内容，不再局限于传统以自由民主为基础的公民身份，而是在此基础上更广泛地容纳社会中新出现的群体诉求。所谓"丹麦的召唤",即在多元社会中同时拥有整体凝聚力,形成大民族情境。这意味着以在大群体中重建信任和公民身份的方式来处理多元身份群体的诉求,以实现一个既多元又凝聚的政治秩序。

在福山的学术框架中,《身份政治》相对于《历史的终结与最后的人》《政治秩序的起源》,可能并没有多大的开创性意义,但它对于理解当代社会政治现象和解决身份政治问题仍然具有重要意义。这本书讨论了身份政治发展、群体识别和身份认同等问题,这些都是当前全球范围内普遍存在的挑战。福山试图通过思考身份政治如何影响社会、国家和国际政治来提供解决方案,尤其是在处理群体差异和建立国家认同方面。

如何理解身份政治,这里面有很多值得怀疑的问题。

第一个问题有两方面,一方面是"内与外"的问题,即内在的对尊严和承认的追求,跟外在的社会认可的错位,两者结合在一起,导致了身份政治的产生。另一方面是"多与一"的问题,即多元身份群体现实与整体社会认同需求之间的张力问题。我觉得,福山对这个问题并没有给出一个开创性的见解,他还是要把认同问题置于文化同化背景当中,即某种传统的自由民主认同格局当中。但是问题在于,如果说近代社会已经建立了个人主义的政治秩序,现代社会中多元群体的出现就恰恰需要突破原来的边界。如何立足传统政治信条,在更加多元化的群体认同和平等诉求中,走向更加多元化的阶段?换句话说,如何从传统公民身份走向多元公民身份?这是一个非常核心的问题。

第二个问题是国家建构,国家建构在福山的理论体系中是一个非常重要的概念。但是我感觉,这个概念在他的理论体系中比较窄化。一般来说,国家建构体现在民族、政权、经济等方面,但福山只是在讲国家政权建构，侧重的是国家能力、国家自主性的提升。此外，法治和问责被他看作国家建构之外的两个独立过程。实际上，国家建构自身还存在一个矛盾。比如，《政治秩序的起源》认为，中国在秦汉时期就已经完成了国家建构；但实际上，国家建构，无论是 state building 还是 nation building，永远是一个在路上的问题。这反映了福山的内在理论张力。

第三个问题涉及方法论，这跟福山的写作方式有关，"小历史大判断"。福山从某个时期某个较有影响的政治事件出发，做出重大的政治判断，并且把它上升到哲学层面去解释。但其实身份政治由来已久，梅因《古代法》就讲道，传统社会以身份为基础，从这个社会走向以契约、平等为基础的社会，就是"从身份到契约"。那么，福山聚焦于短历史的身份政治变迁，到底有多大意义呢？我认为，至少在研究方法方面，在短期之内，或者说从当时看来比较重要的事件去推断大历史发展趋势，可能不是那么容易的。

第四个问题是本体性的问题。福山的"丹麦梦"基于欧美现代政治理想，是一种进化论观点。他将之看作现代政治发展的典范，似乎是唯一完成的政治发展轨迹。然而，这种观点可能忽视了其他国家的政治发展和多样性。在全球化、多元化背景下，不同国家和地区面临着不同的政治挑战和发展需求。现代政治并非唯一的道路，应当允许不同国家根据其独特的历史、文化和社会情况，探索适合自身的政治发展模式。

因此，需要审视和尊重各个国家和地区在政治发展上的多样性，鼓励政治制度的创新和多样化。同时，也需要促进政治交流和对话，共同探讨适应全球挑战的政治解决方案。只有在尊重多样性和相互理解的基础上，才能更好地推动人类政治的进步和发展。

身份政治何以加剧政治极化

庞金友

我从相对熟悉的政治极化角度,向大家分享身份政治对政治极化的影响,我认为它在加剧政治极化。

一、身份政治的特点

在阅读福山《身份政治》这本书,以及听了三位学者的解读后,我认为当代身份政治具有下面五个特点。第一个特点是普遍性。按照卢梭的话来说,人生而自由却无往不在一个身份之中。身份政治无处不在,所有的政治都基于某种身份,而所有的身份都可能与政治相关联。第二个特点是多重性。正如何老师刚才提到的,一个人可以同时拥有多种身份,福山也提到了集体身份和个体身份的存在。第三个特点是流动性。从身份政治的缘起到现在,身份政治反映了从等级政治、普遍政治到个体政治的演进,也反映了从等级身份、经济身份到文化身份的变迁。在当下,它更代表着从同质、主流、强势的"大群体身份"向异质、边缘和弱势的"小群体身份"的转变。第四个特点是复杂性。通过刚才三位学者的解读,我们发现身份政治不仅隐藏在当下关于经济不平等、文化冲突、文化战争、女权运动、移民问题、政党对抗等热门和焦点话题中,而且相互纠缠、相互影响。第五个特点是后现代主义。身份政治可以被称为政治的富贵病,一个国家或地区的民主化程度越高,这种身份政治的影响就越明显。

二、政治极化的层级

在短短几年的时间里,"政治极化"已经由一个相对边缘的议题转变为核心议题了。但是从学者的探讨来看,人们对政党极化、精英极化没有什么异议,对社会大众的文化、社会层面是否存在极化也没有争议。因此,我这里讲的是一个相对宽泛的"政治极化"概念,它以政党极化、经济极化为中心,呈现稍稍向大众的文化、社会极化靠拢的态势。我要跟大家分享的就是当前的身份政治是以何种方式或者说是什么样的身份政治在加剧着当前的政治极化。

(一)斗争策略:文化议题对经济议题的替代

第一个角度是斗争策略。身份政治是左翼以文化议题替代经济议题的斗争策略。20世纪的政治光谱大体以经济议题来界分,左翼追求平等,右翼追求自由。左翼追求平等,就着眼于工人、工会、福利项目、再分配政策等等。右翼追求自由,因此着眼于缩小政府规模、限制公共权利、发展市场经济或私人产业等等。但进入21世纪之后,左翼慢慢放弃了其最熟悉、最擅长的经济路线,而关注那些一度遭到边缘化的各色群体的利益,如黑人、移民、女性、难民、LGBT群体等等。受左翼影响,右翼也把自己重新定义为志在保护传统民族国家、民族身份的爱国者,而这个身份往往又与种族、族裔、宗教等有明显关联。左翼依然志在平等,但关注的已不再是原来大规模的工人阶级状况,而是边缘群体的心理、文化诉求,同时将政治重心转向摧毁压制少数群体文化、价值观的霸权,而不再是剥削工人阶级的政治秩序。这是左翼斗争策略的变化,颠覆了长期以来我们所熟悉的"经济决定政治,政治是经济的集中表现"的观点,将身份政治推到了当代政治相对前沿的位置。但是,左翼这一做法上的变化产生了两个没有料想到的后果。第一,身份政治暗含着冲突性、对抗性、复杂性以及不可调和性,其复杂程度不亚于甚至远高于经济议题。用福山自己的话说,身份诉求之争不同于经济资源之争,它通常是没有谈判余地的。因种族、民族、性别而得到社会承认的权利,其建立基础是固定的生物学特征,跟商品不一样,它不能交换,不能谈价。第二,左翼基于身份政治的斗争策略,激起了右翼身份政治的崛起。这样一来,左翼、右翼同时关注截然不同的身份群体:左翼激进自由主义想突破现有的文化传统、社会习俗和通行规则,主张给边缘弱势、少数群体以权利,给黑人以平等的选举权,让变性人参加体育竞赛,等等;右翼极端保守主义恰恰要维护既定规则和信仰秩序,赞美民族身份,赞美爱国者,甚至默许或容许白人优先,让种族主义死灰复燃。显然,左右两翼是截然对立的,两个阵营不断滑向越来越激进的两端,为政治极化的形成和加剧奠定了坚实的文化基础。

(二)生成逻辑:激情逻辑对理性逻辑的冲击

第二个角度是生成逻辑。按福山的分析,身份政治源于一种激情,而激情的逻辑与传统政治的理性逻辑格格不入。福山说,灵魂有三要素:欲望、理性和激情,而激情是灵魂中渴望尊严、获得承认的那一部分。激情又分为两种:第一,优越的激情,被他人视为高人一等的欲望;第二,平等的激情,在人人平等的基础上获得尊重的欲望。无论是优越的激情还是平等的激情,都有各自的问题。优越的激情的问题出在哪?第一,每当有人被视为高人一等,就意味着有其他人被视为低人一等,后者作为人的价值得不到公开的、平等的承认——国家、民族也一样。第二,毋庸置疑,一些伟大的人物理应得到异于常人的礼遇,但一旦得到礼遇的一些人或组织名不副实，人们就会产生极端的不满、厌恶甚至憎恨。平等的激情的问题出在哪？第一，对平等承认的渴求很容易滑向要求其他人承认其所属群体高人一等。第二，一些人或组织因其行为或属性不可避免地应该获得尊重，但如果承认人人平等，那么那些临阵脱逃的士兵、弄虚作假的商人就要与功勋卓越的科学家、因功殉职的警察相提并论了。现代民主的发展历史，恰恰就是优越的激情不断被平等的激情取代的历史。当代政治，甚至当代身份政治，恰恰就是那些一度被社会边缘化的群体追求平等承认的表现。社会如果承认他们的平等地位，自然会引起那些原本处于优势地位、核心地带的群体的连锁反应，感觉其重要性被取代了。这就是回应性身份政治出现的核心原因。显然，身份认同所暗含的激情逻辑与传统政治所倡导的理性逻辑，会产生一个巨大的对冲，为当下西方的政治极化埋下了巨大隐患。按照刘瑜老师的观点，各种被身份意识点燃的政治激情，如同一场飓风，将一艘艘原本沿着启蒙理性道路前进的船只吹得七零八落，纷纷偏航。

（三）心理机制：怨恨政治对协商民主的挑战

第三个角度是心理机制。前面三位老师都提到了怨恨政治，认为怨恨情绪导致了身份政治。从心理层面来看，身份政治之所以崛起，是因为人内心渴望的身份与外部世界的承认有较大距离，从而产生怨恨心理。在现实世界中我们也能看到，无论是"黑命贵"运动，还是弗洛伊德事件，都源于人们内心渴望的身份未得到恰当的承认。许多情况下，政治领导人之所以能够发动追随者，是因为人们认为该群体的尊严被冒犯、贬低、忽略了。这种怨恨会唤起该群体的尊严，比起那些单纯追逐经济优势的人，渴望恢复尊严的受辱群体的情感更有分量。每一场身份政治运动,都意味着此前不被看见的群体,希望其内在价值得到公共承认,这就诞生了现代身份政治。怨恨政治将传统的政治共同体肢解为一个又一个无比愤懑、怒火中烧、恨意绵绵的部落,部落和部落之间拒绝协商,不会妥协。民主政治因此演变为民主内部的群体和群体之间的冲突,以及"文明"和"文明"之间的冲突,现代政治因此形成了从分化到碎片化再到极化的必然趋势。共识、宽容、妥协原本是现代政治的底色,但基于怨恨的身份政治容易导致共识的瓦解、宽容的消散以及妥协的危机,使政党和政党之间、精英和精英之间势同水火,持续对抗,这就埋下了政治极化的重大隐患。

(四)身份认同:小身份对公民身份的排斥

第四个角度是身份认同。身份政治认可的是一种小身份,它跟大身份之间显然具有一种天然的排斥感。以多元文化主义最看重的族群认同为例,族群认同和国家认同之间,存在一个内在的、不可调和的冲突。在一个多民族或多族群国家中,除非主流民族或族群能给予少数群体以完全平等的待遇,否则少数群体定会认为自己有别于主流群体。当少数群体意识到了区别对待,就会反向强化其对己群体的认同,从而对国家认同、公民认同产生游离感。现实中,西方国家虽然努力给予移民群体以平等待遇,但显然现在走向街头的大多仍是移民群体。因为他们不仅要求得到平等的待遇,还要求承认差异的身份。这就对原住民产生了恶劣影响,原住民既失望又委屈,感到极不公平。如果经济形势还如20世纪90年代那样不断上行,人们的生活水平越来越高,原住民可能并不排斥越来越多的移民前来;但是现在,本国居民自己的生活也遇到了困境,那么就可能对身边的移民有一定的抵触情绪,再加上越来越多的移民群体还对福利待遇感到不满,那么产生不良后果就很自然了。这样,在欧美蛰伏许久的国家主义、民族主义甚至种族主义重新被唤醒,反向被激活,福山称之为"回应性身份政治"。身份政治,无论是移民群体的族群认同还是回应性身份政治,都是小身份;从现代政治角度看,我们不能削弱公民的国家认同和公民身份。这两个小身份的差异,对国家认同和公民身份造成了巨大的冲击和挑战。

(五)经济助燃:经济不平等对个体尊严的挑战

第五个角度是经济不平等。经济不平等是西方各国比较普遍的现象,但并没有多少国内外政治学者视其为一个很严重的问题,反倒是经济学家特别关注这方面。福山认为经济不平等是一个不争的事实,但经济不平等之所以会引发身份政治,那是因为经济不平等及其引发的抱怨,可能会与受歧视的情绪挂钩。一旦挂钩,原本只是经济领域的不平等,就会折射为权利、尊严和认同上的受歧视,这样问题就严重了。人们对经济的追求,不仅表现为对财富和资源的单纯渴望,更表现为他们认为金钱可以购买尊重。换句话说,经济动机在现实生活中是与身份议题相互交织的。一个现实的例子就是美国左翼的"占领华尔街"运动和右翼的"茶党运动":前者闹得很欢,又游行又示威,但慢慢地就销声匿迹了;后者却接管了共和党和国会的半壁江山。甚至在2016年美国大选中,选民没有把票投给激进民粹主义候选人,而投给了民粹保守主义的特朗普,这都是一种证明。其中值得深思的是21世纪中产阶级地位的下降、群体的萎缩。美国社会已经不再是纺锤型或橄榄型结构了,这个社会变成了两个小水晶,上边是20%的特权阶层,下边是80%的新工人阶级。亨廷顿认为,最有可能破坏政治稳定的,不是那些穷得绝望的人,而是深具相对剥夺感的中产阶级。中产阶级一直感觉挺好的,他们自食其力,有稳定的收入,有活跃的政治活动范围,容易被动员,他们觉得自己应该受到尊重,并不觉得自己处于边缘,而是认为自己是一个民族的核心。但现在越来越多的中产阶级心怀怨恨,担心失去中产阶级地位:他们对上指责精英,认为精英看不到他们的存在,也不回应他们的诉求;向下则指责穷人,因为穷人抢占、蚕食了他们的福利,用他们的税收享受着他们提供的优惠。最能加强政治极化趋势的就是中间地带的萎缩,导致人群不断滑向左右两个极端的阵营。最稳定、最温和的中产阶级的式微说明,极端政治极化的出现是早晚的事。

(六)传播魅惑:社交媒体对部落政治的强化

第六个角度是政治传播。新技术革命带来了政治传播的革命性变革,互联网促进了身份意识的迅速传播,身份建构进程得以加快。一方面,新技术革命带来了一种分化和多元化;另一方面,新技术革命带来了网络部落化,直接造成社会共识的瓦解,极端立场也会被强化。

三、结论

身份政治是当代西方社会矛盾的集中体现,是西方政治的高阶困境,具有明显的后现代主义特征。它并不会必然带来政治极化,因为只有激进的、极端的、不妥协的、不协商的身份政治才会加剧极化倾向,但身份政治的影响力、破坏力和结构力却始终在场。身份政治最初源于左翼阵营斗争策略的转移,但它暗含的激情逻辑却容易引起怨恨,导致族群认同滑向部落政治。不断恶化的经济不平等与身份议题的纠结交织,会被中产阶级视为身份的丧失和地位的下落。新技术革命推动的新媒体和社交平台,更是为身份政治的碎片化和原子化推波助澜。这些因素都在无形当中加剧了政治极化的强度、烈度和幅度。

身份、身份秩序与现代国家

郭台辉

关于福山《身份政治》这本书,我想以从身份到身份秩序再到国家建构的顺序来进行讨论。首先我会提出问题,然后讨论身份与身份秩序的关系、身份秩序的国家建构、身份失序的国家回应这三个方面。无论是这本书,还是我们关注的身份政治议题,我认为都有三个值得完善的地方。

第一,我认为目前讨论的身份政治问题,其视域应该扩大。我们现在所讨论的,或者说近几年比较流行的身份政治,过于侧重文化维度、心理维度,而压制了之前长期讨论的经济维度、社会维度;同时,也对政治维度、法律维度有一个"吞噬"。中国学者对身份政治问题可能有点难以理解,因为中国还没遇到西方目前所面临的问题。过去半个世纪,西方在文化、心理维度上出现了很大的问题,但中国在这方面还不明显。所以我们阅读西方的著作,总有点隔靴搔痒的感觉。因此,我认为身份政治研究的视域应该扩大,不仅研究文化维度、心理维度,也应该衔接到经济、社会、政治、法律维度。

第二,在翻译上,status、identity、citizenship 三者总是混在一起。例如,刚才任老师提到梅因有关"身份"的观点。其实,梅因所阐述的身份(status),并不是我们所理解的福山所阐述的身份(identity)。再如citizenship,我们也讨论这个概念十几年了,但是进展仍比较缓慢。在翻译上,目前学界基本上将三者混为一谈,这也增加了我们的混乱。

第三,目前关于这三种身份的讨论过于离散,缺乏结构性关联,从而难以理解当代西方身份政治问题的根源和出路。因为时间有限,难以完全展开,我在此只简述我的理论框架。我想把 status、identity、citizenship 这三个理论流派关联起来:马克思非常关注 status 的变化;membership 这个理论流派是从马歇尔(Alfred Marshall)那里过来的;identity 则是从哲学、社会心理学那里过来的。怎么关联呢?我想提供一个思路,也借此与福山的著作关联起来。之所以中国人难以理解福山的 identity 概念,是因为它是人们内在的、超越性的观念,来自人们内在的灵魂,就是激情。激情有两个方面,一个是平等的激情,一个是优越的激情,两者之间存在一个根本的矛盾。这两方面在西方的观念论传统里有不同的学术史,不同的追求,不同的合理性、自洽性,但是都要寻求承认。从福山的著作中就可以看到,激情—尊严—身份,这是一个递进的承认过程。虽然激情与理性冲突,但是选择哪一种激情则需要理性判断,而且其外在行为也存在高度的情境性、竞争性变化,因此对激情的把握是非常难的。无论追求哪种激情,只要把它推到极致,就一定会给其他身份、其他认同以及既定社会秩序带来巨大的挑战,甚至对整个社会政治格局都带来巨大的冲击。因此我想强调的是,身份政治在平等的激情与优越的激情这两个来源之间互相冲突,这是身份政治的第一组矛盾。

身份政治的第二组矛盾来自外在自我的身份秩序。身份秩序是外在自我的称谓符号体系,属于社会稀缺性、权威性资源的分配。这种资源的分配不同于内在自我的需求,前者被安置在社会政治结构当中,并与社会、经济、政治及其他秩序嵌套在一起。外在自我的身份秩序有两种,一种是平等秩序(membership),另一种则是不平等秩序(status),

这两种秩序恰好能满足内在自我的平等的激情和优越的激情。这就意味着,这两种身份秩序也是对抗性的,满足某一部分人的激情就会压制或否定另外一部分人的激情。外在自我的身份秩序的目的,并不是满足整体的激情,而是延续特定的社会政治共同体。

身份政治的第三组矛盾来自内在自我与外在自我之间。两种外在自我的身份秩序的构建,是否都源于各自内在的激情?这就导致了内在自我与外在自我之间的冲突,从而带来了身份认同危机,这就涉及"我是谁,我们是谁"的问题。这个问题其实就是内在自我与外在自我之间矛盾的体现,而这恰恰是政治共同体构建的重大问题。因此,我想讲清身份政治内蕴的三对矛盾或三个方面:一个是激情方面,一个是秩序方面,一个是自我方面。现代国家的构建其实是身份秩序的构建,而现在所讨论的国家构建则相对忽视了这方面。现代国家的合法性源于对 membership、status 这两者的构建,从而满足了平等秩序和优越秩序两种激情。

首先,建构平等秩序。现代国家塑造了理性化、个体化的现代公民身份模式,满足了内在自我对平等激情的需求,获得了合法、正当的现代国家基础。例如,法律面前人人平等、不代表不纳税、人民主权和民族主权等概念,其目的都在于构建政治共同体成员身份的平等秩序。

其次,它重构了传统社会的不平等的等级秩序(status),但并未完全像梅因所说的那样转向契约社会。重构的方式有两种。第一种方式,从人格化的君主权威(status)转向非人格化的组织权力(state)。从这里可以看出,现代国家就是从人格化的君主国家转过来的。现代国家建构了一套理性、高效的官僚体系,成就了一个下级服从上级、等级秩序严密的现代社会体系。可以说,现代社会的不平等秩序,就是围绕官僚体制建立起来的。第二种方式,现代国家配合资本主义制度构建了以财富积累和盈利为目的的经济秩序,提升了商人的社会、政治地位。现代社会通过人的不平等的经济地位构建了社会政治秩序,满足了人们对激情的内在追求。也就是说,现代社会通过政治和经济两个手段重构了等级秩序。通过平等的成员身份秩序来满足一部分人的平等的激情,通过不平等的等级身份秩序来满足一部分人的优越的激情——通过意识形态的话语秩序来满足或使社会大众自认为已经实现了这种追求,外在自我的归性和内在自我的本真达到了平衡,现代国家在这个过程中得到了稳定。切割了边界的群体被纳入政治共同体中,其内在自我和外在自我得到了衔接,从而使身份秩序从传统走向了现代。这是现代国家比较成功的方面,但这个成功是暂时的,因为现代国家无法解决身份秩序内在的三种矛盾。这主要体现在以下几个方面:第一,外在平等的身份秩序过于形式化,无法完全满足内在自我的平等的激情;第二,高度个体化、原子化、规范化的平等身份秩序,带来了现代人的孤独感、无意义感,忽视了社会群体的个体归属;第三,身份秩序过于强调普遍平等,忽视了个体和群体的属性差异,这就造成了实质上的不平等,正如蒂利所说的,民主看似平等,却造成了实质上的不平等。总而言之,外在的自我难以满足内在的自我,人反而成了维护形式平等的手段。形式上平等的身份秩序难以掩饰实质上的不平等,如经济地位、官僚体系实质上的不平等破坏了法律、政治对平等的追求。身份政治的问题越来越表现为身份本身的不平等,且这种不平等无法通过形式上的平等即法律、政治手段解决。总而言之,平等的秩序难以克制不平等的秩序。我认为这是福山这本书中比较务实的方面,但正如郭忠华老师提到的,单从福山这一本书中看不出其内在关系,需要回到其理论的整体当中去观察。

这就导致一个什么结果?庞金友老师已经给出了精彩的分析。但我认为，上述三对矛盾在现代国家无法得到解决，使得身份从外在建构的身份秩序当中解放出来，激活出内在自我的激情和尊严，把追求承认的所有身份都进行政治化。现代国家想通过政治手段解决身份政治问题的三对根本矛盾，这就导致各种各样的社会群体，向上走向了全球化，向下走向了地方化，双向、多元地撕扯现代身份秩序及其根源——现代国家结构。现代国家完全没办法同时承认、满足，也没有办法化解身份政治面临的这三组根本矛盾，那么，作为回应，现代国家能做些什么？福山最后给我们指出了一些方向，但并不完整，我认为还要增加一些方面。第一，承认现代人权。无论怎么强调社会群体的权利，我们都不能否认启蒙运动以来的价值取向，还是要承认个体的尊严，保护个体的权利，尊重个体的差异。第二，强化法律上的、形式上的平等，政治上的民主和社会上的补差，以现代国家的理念来推动平等秩序的建构。第三，重申现代主权原则所构建的民族认同、民族精神、民族团结和民族自豪感，这正和目前中国所强调的铸牢中华民族共同体意识完美结合。但即便如此，我认为现代国家也没办法完全消解政治身份内有的根本矛盾，只能在制度上、观念上和基本情感上强化这三者之间的紧密度，而不是把它分裂开来。

第五章
经济高质量发展,政府能做什么?

时　　间:2022年10月29日
地　　点:线　上
主 持 人:梁平汉(中山大学教授)
与谈嘉宾:王水雄(中国人民大学教授)
　　　　　高　翔(浙江大学教授)
　　　　　游　宇(厦门大学教授)
　　　　　肖可舟(中山大学教授)
阅读文本:兰小欢,《置身事内:中国政府与经济发展》,上海人民出版社2021年版
文本作者:兰小欢(复旦大学教授)

主持人语

梁平汉

本期政治学人大讲堂"我们一起阅·探"系列的主题是:"经济高质量发展,政府能做什么?"主要围绕复旦大学兰小欢教授的《置身事内:中国政府与经济发展》(以下简称《置身事内》)一书进行讨论。由中国人民大学王水雄教授、浙江大学高翔教授、厦门大学游宇教授和中山大学肖可舟教授,分别围绕本书进行主题发言。

几位嘉宾分别从政治学、经济学、公共管理学、社会学等多学科角度,对兰老师的《置身事内》进行了评论,随后从自身研究视角出发谈论此书。

长期以来,中国政府在经济发展中的角色和作用,都是学界关注的重点。中国政府在经济发展过程中所扮演的角色,似乎与西方主流经济理论完全不同:过去40年来,中国似乎出现了市场和政府共同发展或协同演进的局面,并且取得了非常大的成效。

这到底是如何做到的?兰老师《置身事内》一书,结合了作者的亲身观察和大量学术理论研究成果,以此为基础阐述中国政府和中国市场的互动关系。这种关系并非西方主流经济理论讲的,市场和政府截然二分,而更多体现出政府和市场共同演进的过程。从中国的历史来看,市场和政府的关系更为复杂。很多时候,市场通过政府支撑建设起来,政府在其中扮演着重要角色。政府要合理合法收税就需要发展市场。政府之所以参与市场,在某种程度上是为了利益,因此置身事内的政府是市场的主动参与者,但有时也会身陷其中。那么,政府如何"事了拂衣去,深藏身与名",既能在市场中获利又能够与市场保持距离,即政府如何与市场协同发展?学界需要对此保持持续关注。

解析政府政策如何起到良好作用的奥秘

王水雄

我在兰老师的书中获得了很多有趣的见解,尽管由于时间限制,我可能无法涉及所有方面。首先,我同意这本书的大部分观点,而且非常可贵的是,它实际上关注了很多社会学者的研究。书中应用了很多非常具有社会学特色的方法,我觉得这点非常值得称赞。兰老师刚才提到,他将要去"一带一路"共建国家进行考察,探讨中国经济走出去的过程中可能遇到的问题,我觉得这些内容都带有浓厚的社会学味道。总的来说,我认为这个研究主要关注制度与经济之间的关系。从分析单位的角度来看,研究的层次主要是国家,其中涉及市场、企业和政府。

兰老师提出了许多观点。他明确反对将市场和政府看作二元对立的关系,并以此来解释中国的一些经济现象。因为许多事情本身就很复杂,涉及产品、经济等领域,所以很多情况下不能简单地进行理解。

另外,我认为这本书在大的思路上涉及微观和宏观之间的联系问题。在阅读过程中,我不禁联想到经济社会学中所关注的微观动机与宏观行为,这也是托马斯·谢林(Thomas Schelling)专注探讨的一个主题[1]。在这个主题下,我想重点讨论几个方面。首先,我们需要关注政府政策如何有效发挥作用。在这方面,一个重要的因素是以经济建

---

[1] 托马斯·谢林:《微观动机与宏观行为》,谢静、邓子梁、李天有译,中国人民大学出版社2013年版。

设为中心的政府,这样的政府实际上是一种稳定的信用来源。正如在第13页中,作者提到基金经理从股票市场购买散户手中的股票,以及房地产开发商在成百上千户人家的土地上进行拆迁。尽管这些都可以算作投资,但操作的难度完全不同。对比一下,我们也常常发现在其他国家,比如美国和其他西方国家,要进行这种操作往往非常困难,这也导致了他们在诸如高铁建设等方面会遇到一些难题。因此,我认为这与政府是息息相关的。

在这个过程中,政府的作用不可忽视。以商场建设为例,政府作用涉及前期的土地拆迁、中期的开发建设以及后期的招商运营设计。不同的专业和事务往往由不同的主体进行投资和运作,需要考虑项目整体的连续性,并处理每一阶段的特殊性。因此,政府的介入是必要的。特别是在经济发展的起步阶段,资本市场和信用机制尚不完善,因此信用级别较高的政府成为投融资主体更为可信。这一点在社会学中也引起了特别的关注,即认为中国经济发展的主要动力源自基层和地方政府。当然,中央政府在其中也起着不可忽视的重要作用。然而,在社会学研究中,由于观察范围的限制,我们常常需要将目光聚焦在基层和地方政府上。

在这个领域中,社会学进行了一些研究,初期主要强调基层和地方政府的重要性,而后期则更多地涉及省级政府和中央政府的政策,包括财税体制。早期社会学者提供了一些关键概念和观点,尽管这些在兰老师的书中没有详细涉及,但大家可以补充一些相关内容,特别是关于市场转型过程中地方政府角色的研究。地方性法团主义、村镇银行、村镇政府与公司牟利型政权经营者等观点强调了基层政权追求自身利益的动机和行动空间。在这个过程中,地方政府实际上扮演了双重角色:一方面,它是国家利益的代理人;另一方面,它也追求自身利益并采取相应的行动。

改革开放对地方经济增长至关重要,这一点在兰老师的著作以及其他相关研究中得到了广泛讨论。在这方面,存在许多可以进一步探索的空间。此外,官员也发挥着重要作用,其中一些官员具备企业家精神。这些官员站在不同的位置,对国际和国内经济事务具有远见。而且,不同省份和地区之间也存在竞争关系。兰老师在他的著作中举了一些例子来说明这一点。例如,地方政府为争夺项目与国际相关力量展开博弈等。这些例子非常有趣,揭示了经济事务中的复杂互动。

中国在这个过程中吸引了一批最杰出的人才加入政府部门。官员的激励既来自荣耀和晋升机会,也来自个人或家庭的经济利益。此外,在这个过程中,情感因素也驱动着官员的行为。作者在第50页提到,经济学家注重研究明确的奖惩机制,强调外部激励机制和制度环境,但其实对于官员而言,内心的情感驱动也是非常重要的。

此外,产业政策也是一个重要问题。我非常赞同兰老师的观点,即市场决策既有成功案例也有失败案例,而产业政策也存在成功和失败之处。因此,政府行为和市场行为之间的关系并不是一个简单的争论问题。在张维迎和林毅夫的辩论中,我们可能会感到我们在讨论中陷入了循环,回到了最初简化的观点,而实际上这样做会带来一些问题。我们应该更深入地探讨这个问题。

在前述内容中,有两个观点已经提及,而第三个观点则涉及腐败和反腐败问题,这是一条贯穿整本书的重要线索。我曾经对腐败和反腐败对中国经济增长的作用进行了一些研究,其中也提到了一些相关内容,在此我就简单略过了。腐败对经济增长产生一定影响,学界有著名的"腐败三张论",即张曙光、张维迎和张五常。这三位学者都对腐败问题进行了一些讨论。需要特别指出的是,腐败问题特指一部分的权钱交易。此外,它还涉及官商勾结和非法获取财富等问题。兰老师在书中也对不同类型的腐败进行了区分。

兰老师提到的第二类腐败,从经济长期健康发展的角度来看,带来了四个不良后果。首先,它导致经济结构长期偏向投资,使资本收入占比高而劳动收入占比低,进而导致普通民众的收入和消费增长速度缓慢。这一问题将在该书第七章中进行讨论。其次,它扭曲了投资和信贷资源的配置,将大量资金浪费在效益不高的关系户项目上,进一步加重了债务负担和风险。这一问题将在该书第六章中进行讨论。再次,权钱交易扩大贫富差距。我认为这一点与前面提到的第一点有一定的相关性。在该书第五章中,将对不平等对经济发展的影响进行分析。最后,地方上可能形成利益集团,这不仅可能限制市场竞争,也可能破坏政治生态,导致大规模的腐败现象。自党的十八大以来,中央多次强调党内绝不允许形成团团伙伙、拉帮结派和利益输送的现象。我们必须注意到,反腐压力始终与腐败问题相伴而行。

当谈及当代中国的反腐问题时,我们可以看到中国存在一些优势。这些优势包括信息社会和网络带来的舆论监督便利,全球化的影响使决策者必须关注国家的国际形象和个人行为对国际社会的影响,以及社会主义社会的意识形态可能塑造出清晰的公众、党派和国家干部对反腐败的观念,从而有利于反腐败工作的进行。

此外,当代中国为选拔具有基层生活经验的领导人提供了有利条件,使其能够在担任重要职位时保持清醒和负责的态度。这一特征对官员的激励产生了一种类似于新教伦理的效应。直接或间接接触市场能够让官员对自己手中的权力进行估价,并有机会通过腐败获取个人利益。在经济建设主导下,官员需要展现出更多的政绩,这就给了他们极大的动力来推动经济规划和协调经济建设。在这个过程中,官员既面临着腐败的机会,又承受着较高的反腐压力,这可能导致某种程度上的负罪心理和补偿心理的形成。因此,他们可能会有更大的晋升动力。只有官位越来越高,他们才有可能处于相对安全的地位,从而就有了推动政绩工程建设的无限动力。

在这个过程中,货币信用和通货膨胀问题是需要考虑的重要因素之一。信用货币的引入可能引发潜在的危机,尤其是通货膨胀危机。如果政府长期保持相对稳定,不进行自我改革,这可能导致在一定阶段后面临通货膨胀和经济危机压力的逐渐增大。因此,在这个过程中,反腐败其实是中国经济增长不可或缺的重要组成部分。持续的通货膨胀压力会迫使腐败分子只能以现金形式持有腐败所得,这产生了一个结果,即在一定程度上抑制了通货膨胀。

在这个讨论中,有几个重要方面需要总结。首先,政府政策的稳定性和官员的信用问题。其次,企业家精神对官员尤为重要。我们可以从兰老师提到的光伏产业和液晶显示屏产业的例子中感受到这一点。尽管某些产业政策可能导致一些企业大规模破产,但如果考虑社会债务的因素,实际上这些政策对社会仍然具有效益。这些政策可能为一些工人、技术人员提供机会。在企业破产的过程中,那些失去工作的员工可能成为一种被遗留下来的资源。可以说,政府在一定程度上花费资金培养了这批人才,因为实践中需要进行很多学习。这种解释逻辑颇具意义。

接下来,我将探讨腐败和反腐败之间的逻辑关系,这就类似油门和刹车之间的关系。在随后的讨论中,我们将有一位老师来探讨经济周期的问题。

中国经济发展的上行和下行阶段会面临不同的问题和挑战。此外,外需的畅通与否也会对经济产生不同的影响。在未来可能出现的危机中,中国可能面临一些独特的挑战,这与当前经济结构的特点有关。在这种危机中,其中一个可能性是具有企业家精神的官员无法充分发挥作用。

中国国家调控经济的能力可能会受到挫折,尤其是在面对系统性问题时。政府运行体系和党政关系可能发生变化,因此需要对系统性影响和可能需要进行调整的问题进行思考。此外,需要反思这种模式可能面临的局限性。例如,在涉及具有企业家精神的官员的层级选择上,应该考虑到他们在哪个层级能够更好地发挥作用,如是否在省级层面更为适合,因为在这个范围内他们的行动可能不会对其他省份产生影响。这样就给了其他省一定的调整空间。另外,中国经济体量庞大,能够容纳一定规模的试错。试错的规模实际上与层级体系相关,如果一个大规模错误来自顶层,就可能会带来严重问题。因此,在试错过程中需要谨慎考虑规模和层级的关系。

反腐败的限度是一个重要问题,腐败和反腐败之间存在一种辩证关系。此外,金融领域一定程度的开放性也是一个关键因素,因为中国的金融系统在这方面可能面临着重要的影响。我在昆山挂过职,我能感觉到昆山的产业发展跟金融和企业生态的多样化是密切相关的。当企业生态和金融生态相对单一时,产业政策的试行空间可能会受到限制,试错规模将大大缩小。因此,一旦系统性问题出现,可能会引发难以挽回的重大损失。

政府如何有为,市场方能有效

高 翔

兰老师的著作给我留下了深刻的印象。读完这本书,我们可以思考,在中国改革开放后的经济发展中,政府在其中扮演了怎样的角色。对于这个问题,兰老师的著作系统地回顾了过去40年来地方政府如何积极参与经济建设,并通过其制度环境和对地方政府行为的影响,形成了我们所观察到的宏观经济金融现象。

在兰老师的著作中,我对于中国地方政府的定位产生了一些思考,这个问题更像是一个关于政府如何管理社会的讨论。在阅读过程中,在探讨政府做对了什么之前,我们首先需要接受一个前提。这个前提是,在经济发展和市场秩序扩展的过程中,市场本身的规律起到了决定性的作用。我们应该将市场规律放在宏观层面,将其视为一种更基本的认可和识别。从亚当·斯密(Adam Smith)的理论开始,劳动分工的深化以及市场规模的扩大,在解释中国改革开放后取得长足经济发展方面发挥了关键作用。其中包括国内市场不断扩大,劳动分工网络持续深化。从20世纪90年代后期开始,中国开始讨论如何加入全球市场。

在过去的40年中,中国经济取得了显著的发展,这一成就是建立在这样一个宏观背景之上的。如果我们脱离这个背景,仅仅关注政府的具体行动,可能会过高地评价政府的作用和对经济发展的促进效果。

因此，我们首先应该认识到外部宏观因素的重要性。党的二十大报告对全球治理和全球化的重要性给予了高度关注，这种关注源于对未来如何应对经济下行压力、推动经济高质量发展的理解。

在这个前提下，我们来讨论政府在其中可以发挥的作用。当我们将市场秩序的扩张和全球化推进作为经济发展的核心因素时，我认为政府的作用可以从两个层面来考虑。

第一个层面，在政府与学者的互动中，我们经常关注政府在现实中的行为。当我们对政府官员进行田野调查时，我们更多地关注政府的实际行动。有时候，官员会对学者表示不满，认为学者总是告诉他们不要做什么，而实际上应该告诉他们要做什么。这是我们常见的第一个层面。

从政府行为角度来看，一个积极有为的政府总是希望能够为公共利益做出贡献，并为服务公众发挥有效作用。然而，如果我们放大视野，可以看到在中国改革开放 40 年来，政府在许多领域通过主动退出的方式，取消计划经济体制下的一些制度影响，以创造一个更有利于市场发挥作用的环境。

兰老师的著作让我深刻认识到政府与市场之间的角色关系，这种关系并非简单的二元对立，而是一种复杂的互动关系。在这个过程中，我们需要理解政府在其中所扮演的角色。首先，我们需要了解政府是如何创设制度环境的。其次，我们需要观察政府在具体层面采取的行动。尽管在常规的田野调研中，我们对政府的了解可能相对有限，但这些了解恰恰构成了中国改革开放 40 年来政府成功的重要组成部分。这就进入了讨论的第二个层面，即在制度环境方面，兰老师的著作着重讨论了地方层面的情景。

在研究中国经济社会发展 40 年的过程中，地方政府的角色成为一个不可忽视的议题,王水雄老师已经提到了地方政府的管理作用。特别是在地方发展型政府的角色中,我深刻感受到兰老师将其视为一种外部给定条件。也就是说,中国地方政府在参与经济发展过程中展现出积极有为的特点。从行政管理的视角来看,这种积极有为的表现与中国改革开放时期的制度背景密切相关。在20世纪80年代的市场化改革策略中,调整政府与市场关系成为重要选择。在当时,存在两种可选路径。其中一种是将大量权力直接还给市场,然而对于当时的中国政府而言,这条道路面临重大挑战。第一,从理念上讲,这涉及鸟笼经济的讨论,市场经济可以作为一种工具,但仍然需要在国家控制的框架内,即在国家规范和约束的市场中运行;第二,在实际干预市场运行的过程中,政府缺乏足够了解宏观经济运行的知识和人才,无法有效管理市场经济。

因此,在理论争论和考量实际能力之后,当时采取了一种策略性考虑,即逐步将原本由中央政府掌握的许多经济社会管理权限下放给各级地方政府,而且采用逐级下放的方式。地方政府通过行政体制内部逐级下放的方式获得了经济社会管理权限,其中包括对稀缺资源(如土地、金融资本等)的配置权限。这种下放使得地方政府能够有效地支配这些稀缺资源,并具备对各种具体微观经济行动进行合法干预的能力。

从中国市场化改革的语境来看,地方政府积极参与经济干预的能力,是在一个整体外部制度环境下建立起来的。这种环境不仅仅是一种激励机制,更是一整套权利和制度设计。一旦地方政府获得了这种权利,我们就可以观察到地方政府之间的激烈竞争。这种竞争是在一个特殊的制度环境下发生的,兰老师也特别强调了这一点。

地方政府获得了经济社会管理权限和干预经济的能力,以推动区域经济的正向发展,但同时也面临着明显的硬财政约束。在市场化语境下，地方政府之间展开竞争，承担管理财政和本地经济发展的责任。因此，在这种情况下，地方政府不仅拥有权力，还面临外部约束，从而能够负责任地获取来自市场反馈的信号，并在硬性财政预算约束下管理当地经济社会，包括资源配置。

在全球化的经济语境下，中央政府逐步退出，并推动市场化制度的构建。在这一过程中，高层政府将权力下放给地方政府。同时，地方政府还面临着财政的内部约束和市场反馈的外部约束，这些因素共同作用。

在过去一段时间内，我们可以观察到地方政府在经济建设方面表现出较高的责任感和积极性。借着今天这个机会，我们得以关注当前经济发展的状况，并思考在新环境下，地方政府是否面临新的挑战和制约，这引发了一些值得进一步讨论的问题。其一，重要的外部环境变化是一个关键因素，通常当这个词在党和政府文件中反复出现时，就意味着外部环境可能面临较大挑战。因此，我们对全球治理的普遍关注，恰恰表明当前世界范围内的良好环境可能正受到一定压力的影响。事实上，在总书记的多次讲话中，他也提到了这种压力，这一点我们不再赘述。其二，一个现实的变化是，在工业化、城镇化过程中，中国从一个后发国家追赶成为一个工业化、城市化国家。在这种追赶模式中，地方发展型政府成功的部分原因可能在于，它们能够通过模仿学习和借鉴已被市场机制证明成功的发达经济体的模式。

然而，我们现在面临的是一个全新的语境，即在新一轮科技革命和产业变革的背景下，地方政府不再仅仅停留在发展和模仿阶段，而是逐渐进入创新阶段。我的同事耿曙对此进行了深入探讨，专注于创新语境下的问题。如果我们接受一种流行表达，即中国的经济社会发展包括公共治理正在从跟跑、并跑逐步转向领跑的话，我们需要思考如何适应这种创新趋势,以在新的创新发展语境下有效开展工作。

近年来地方政府面临了许多挑战,这些挑战与创新领域的特点密切相关。在创新领域,地方政府很容易面临失败的风险,并且这种失败与过去的重复性投资所带来的挑战有所不同。这是我们在新语境下面临的第一个挑战。

第二个挑战源于我们在市场化改革策略上的选择。在当前的国家政策中,其中一个核心方向是优化经济体制。对于高层政府而言,无论是从国内国际双循环的角度,还是从市场监督管理局经常进行的公平竞争角度,以及长三角一体化市场的构建角度,都表明他们一直致力于推进市场化的进步。然而,20世纪80年代开始的计划经济体制改革至今仍存在许多影响,制约了不同区域之间各类要素资源的高效流动和配置。问题在于,我们当时采取了一种将经济社会管理权限和要素资源配置权限逐级下放给地方政府的策略选择。在当时的背景下,这种选择使得很多地方政府作为市场主体积极参与市场。然而到了现在,这些政府掌握了大量直接干预经济社会运行和配置稀缺资源的权力。因此,它们是否愿意主动退出就成为一个值得关注的问题。我之前参与了一些由省级政府推动的市场化改革,包括土地资源配置和其他要素资源配置。我注意到一个情况,即在营商环境的改善方面,我们利用技术手段和制度手段取得了显著进展。特别是在行政审批效率方面,我们的技术手段可以说已经达到了极致,效率不断提升。然而,恰恰在稀缺资源的配置方面,特事特办的情况似乎很难有所突破。

因为地方政府如果放弃对特殊稀缺要素资源的直接配置和干预,他们如何证明自己有能力和计划来布局本地经济发展?这一问题引发了一个与中央政府强力推进市场化相矛盾的悖论,这种推进是我们历史上为了实现市场化所采取的一种策略性行为:地方发展型政府可能不愿意主动退出,因为对他们而言,如果不直接参与这些行动,就难以有效推动经济发展。随着我们逐渐进入全面深化改革和创新发展的新阶段,地方政府可能面临一些新的挑战,这与过去40年的经济发展场景将有所不同。除了观察地方政府直接参与经济发展的行为本身外,我们还需要考虑其他因素。

从政府管理的角度来看,我们关注的一个问题是:地方政府参与引导经济发展和介入经济运行,并创设相应制度的前提通常是市场失灵。然而,在政府研究中,我们更多讨论的问题是:难道政府不会失灵吗?实际上,政府不仅可能失灵,而且容易失灵。当我们使用"发展型政府"等词汇时,实际上隐含了许多假设。

第一个假设,自主政府的假设是这样一个政府不会受到干预,始终能够以区域或国家的最大利益为依据采取行动。然而,在现实中,政府能否确保始终客观公正地以社会整体利益为导向,这是一个值得质疑的问题。正如王老师刚才提到的,兰老师的著作讨论了许多关于腐败的问题。当然,兰老师还区分了不同性质的腐败。然而,在这个过程中,政府是理性、中立的,但是一部分官员,在手中掌握巨大权力的情况下,可能有将公共利益用于私人利益的倾向。中纪委的许多报告告诉我们,这种情况是完全可能发生的。

因此,这就是第二个假设,除了利益之外,政府的能力也至关重要。在之前的讨论中,王老师提到中国政府吸引了许多精英人才。对于中组部和各省组织部门而言,他们在过去十年的干部选拔任用中,特别是在人才招募方面,对此保持了高度警惕。在市场化发展接近尾声时,一个天然的情况是精英人才是一种稀缺资源。改革开放后,一个积极的变化就是许多精英人才不仅存在于党政机关,还分布到私人部门。然而,这对于发展型政府产生了影响。在我的访谈中,一位官员提到,20

世纪六七十年代出生的人,即精英人才的一部分,已经进入了党政体制之中。因此,我们需要问的是:改革开放后的 80 后、90 后以及现在的 00 后,我们是否能够让这部分精英人才具有相同的愿景?在过去的 10 年中,各省纷纷推出选调生政策,这是政府在推动市场持续成熟发展过程中做出的明智选择。然而,政府在推动市场发展的同时,也面临着政治人才的发现和选拔与人才市场之间潜在冲突的问题。

另外,我个人特别喜欢艾伯特·赫希曼(Albert Hirschman)的著作《退出、呼吁与忠诚》[1],其中强调了信息的重要性。对于一个庞大的组织而言,当其缺乏足够的激励或能力时,信息的反馈传递可能变得更加困难。我们的政府是一个庞大的组织,那么它是否能够像市场中的机制一样逐级运作呢?特别是在我们进行了分税制改革以及最近几年的营改增后,政府的财政能力和资源获取能力显著增长的背景下。我们可以看到,组织干部的规模和公务员人数在过去 40 年中不断增长,这种规模的扩大是否会导致政府对外部经济社会运行的变化缺乏感知能力或充分激励来做出反应呢?在缺乏感知能力或充分激励的情况下,我们如何确保政府能够明智有效地行动?这是我们当前面临的一项突出挑战。

在阅读兰老师的著作后,我对政府管理制度的背景有了一些了解,并从我的研究领域做出了一些补充。此外,我认为我们当前所面临的情况可能与过去 40 年有一些调整,这也是一些值得我们进一步关注的问题。

---

[1] 艾伯特·赫希曼:《退出、呼吁与忠诚:对企业、组织和国家衰退的回应》,卢昌崇译,格致出版社 2015 年版。

如何置身事内：何时、何事、何级政府
游 宇

拿到这个题目时，我的第一反应是可能需要从政治学视角来讨论这本书，或者这将是各个学科之间的对话。我首先考虑到这个问题涉及实然和应然两个层面。实然层面指的是政府在支撑经济方面的实际作用，而应然层面则涉及政府在面对各种问题时应该如何行动。在思考这个问题时，我提出了一个主题：经济高质量发展下政府的作用。

作为一个从事政治学领域实证研究的学者，我首先思考的是能够为政策制定提供哪些有效的建议。然而，我意识到传统政治学在实际操作层面可能有限，我对此非常理解。当前的政治学研究为什么逐渐趋向于公共行政化，我认为这意味着政治学者需要更多地参与政策建议和规划。然而，对于我这样从事实证研究的学者来说，提供政策建议和出谋划策并不是专长。因此，我常常开玩笑说，作为从事实证研究的政治学和公共行政学学者，不添乱可能是我们最大的共性。基于这一角度，我的想法是将这本书的讨论纳入更偏向理论化的学术对话。

去年这本书刚出版时，我就购买了电子版，并做了一些阅读笔记。为了这次活动，我又购买了纸质书，希望能够将我的阅读疑惑和对当前文献的联系串联起来。在阅读过程中，我遇到了一个重要的问题，即实然和应然之间可能存在着相当大的鸿沟。

这本书主要讨论了两个问题。首先，它探讨了中国自 20 世纪 80

年代以来经济快速发展的原因以及政府在这一进程中采取的有效措施。其次,针对当前面临的困难局面,为了进一步推动经济实现高质量发展,各级政府还需要采取哪些措施。这本书主要讨论的是第一个问题,尽管兰老师在书中稍微提及了第二个问题,但他的探讨相对保守,他的文字表达也非常克制,没有过多地展开相关论述。为了进行更全面的讨论,我认为将这两个问题置于同一讨论框架下,并将其作为学术研究的重点进行探讨是值得考虑的。

这本书主要涵盖三个主题。首先,该书以讲述事实为主导,这是其最显著特点之一。在中央政府的引导下,地方政府如何利用或突破现有规则来获取财税资源,并将其纳入经济发展的全过程中?这一过程真正实现了全流程管理,各种资源都被纳入整个发展过程中。其次,该书摆事实、讲道理,探讨了这种发展模式引发的宏观后果,并简要地讨论了可持续性问题。最后,作者还提出了一个重要问题:在当前面临的困难局面下,为了实现高质量发展,各级政府应该采取怎样的行动?这个问题非常复杂,也是该书讨论的核心主题之一。

在书中,兰老师强调了一种写作基调,即从了解现状开始。他认为对现状的了解非常重要,因此在该书中提供了大量的事实和案例。同时,他引用了前沿文献,但在引用过程中非常克制,只简单讨论并将这些研究融入案例和细节之中,这是这本书的第一个风格。

这本书的第二个风格是写作通俗易懂。兰老师似乎有很大的野心,但他在写作时并没有完全展示出来,这可能是基于他对真实和务实的追求。然而,我对此也抱有好奇,这本书是不是多次修改后一种妥协的结果。我认为他可能有一些想要表达的内容,但没有完全呈现出来。

现在将讨论重点移到这本书的内容上,并将其置于学术对话的背景下。按照自由主义经济学理论,中国经济的高速增长一直被视为最不可能的情况。经济高速增长通常需要一些条件的支持，如知识产权保护、统一的市场和有效的法律规则等。然而，在我们起步时的几年里，并没有完全符合这些条件。因此，在这种情况下，一个问题引发了许多讨论，那就是中国为什么能够保持如此多年的高增长？尽管现在面临新常态，但中国仍然保持了相当不错的增长势头。许多理论试图解释这个问题，这个问题引发的讨论非常重要，涉及市场的生成和增长的可能性。

我认为这些讨论关注的视角基本上是相似的，其中一个关注点是改革开放前的组织结构和工业基础，正如书中兰老师所提到的；另一个关注点是财政分权，特别是财政制度激励方面的讨论。与该书密切相关的是政治精英对改革和发展的不懈推动，以及辖区内强烈的经济发展动机。这个理论视角有很多不同的分支，其中包括国家主要领导人对早期改革的坚持，以及政府部门选择产业政策来实现超越式发展，此外，还有地方官员的增长和竞争驱动模式等。这些视角在某种程度上存在着一些共同点或隐含的一致性。其中一个共同点是，在培育市场和激发增长的过程中，各级政府发挥了主导性甚至决定性的作用。政治精英在创造高效率和制定激励政策方面的作用是难以替代的。因此，这一系列研究可以被归类为自上而下的视角和国家中心论。

回到这本书，尽管中国的经济发展实践远远超越了这些理论研究的边界，但我认为这本书虽然以通俗易懂的形式叙述了一系列事实，它也还是以一种理论视角来组织和讲述故事的。因此，我认为这本书可以被归类为上述范畴中的一种分析。同时，例如自上而下的视角，我认为它与这本书有着明显的共性。与之形成鲜明对比的是另一种视角，即自下而上的视角，强调私营企业如何生存以及私营企业如何通过社会关系培育市场。

这本书提供了对中国经济社会发展的许多解释，然而中国的发展也存在许多无法被理论解释的案例。这是因为，中国的实践在很大程度上偏向于经济发展，而对其他领域的关注相对较少。因此，一些原本可能在中国经验实践中有所突破的理论却被搁置在一旁。

例如，去年有一篇文章探讨了国家发展的理论，这一理论为何未能在中国的实践中取得突破？在阅读这本书时，我提出了一个重要问题，即尽管该书提及了许多实际情况，并略微指出了一些解决方法，但实际上存在一个巨大的鸿沟。即使书中提出了这些方法，实际实现起来可能非常困难。此外，该书主要讨论经济发展问题，对于政治问题的讨论相对较少。因此，如果我将中国经济增长能否实现高质量发展视为一个政治问题，那么该书很难提供答案。

接下来我将逐步讨论这个问题：如果不是置身事外而是深陷其中，会存在什么挑战？例如，如果一个人掌握了大量资源，并参与了经济发展的整个过程，在这种情况下，政治激励起着重要作用，它构建了一种让经济发展尤其是快速增长成为首要任务的动力机制。

在这种情况下，我们需要探讨市场化改革如何进一步推动经济实现更高质量的发展。兰老师多次提到，政府应从生产型向服务型转变。另一个问题是国家中心论的观点一直假设存在一个仁慈而高效的政府，但实际情况并非如此。此外，武钢在其经典文章中提到，一个发展中经济体所面临的基本政治困境是什么？我们需要一个足够强大的政府来推动经济运行，但政府太过强大也可能侵犯个人权利。我们当前面临的基本困境是什么？我们可能仍然需要一个足够强大的政府来促进市场创造、产业发展和企业培育。但是，如果政府缺乏自主能力和充足的信息能力等，也可能阻碍市场、产业和企业进一步发展或转型。

此外，在市场机制尚不完善的情况下，政府可能需要动员资源分配和培育企业。但是,如果市场机制相对成熟,可能需要减少政府投资,加大民生支出。然而,目前这种趋势似乎并不是特别突出。在这样的情况下,实然和应然之间的冲突可能更加剧烈。正如兰老师在书中总结的,我们置身其中的情况是怎样的呢?可能更加重视土地和亲属关系,追求规模扩张、投资和生产,而较轻视消费,等等。这似乎导致了一个自身依赖的局面,结果变成了深陷其中。在这种情况下,政府应该采取何种行动?

我提出这些问题是为了引发大家的讨论,因为我自己也没有答案。因此,对于政府来说,置身事内是非常必要的,这一点无须多议。那么,我们需要讨论什么呢?我们需要讨论的是政府置身事内的有效性和时机,即所谓的发展阶段与政府介入的关系。在适当的情况下,政府在经济发展过程中需要制定正确的政策。如何确保这些政策的有效执行?介入的时机如何选择?政府应该优先做什么呢?

很多学者认为,中央政府的产业政策和地方政府的招商引资对中国制造业的崛起起到了关键作用。然而,在模块化的生产组织下,地方政府的行政能力可以影响企业的生产能力,但似乎很难直接提高企业的技术和创新能力。在这种情况下,政府是否应考虑采取其他方式来支持私有服务或增加其他方面的投入?似乎政府可以通过扩大产能来创造市场,但在急需孕育创新时升级市场可能较为困难。这种支撑内部势力的方式似乎难以进一步发挥作用。政府能力不仅包括获取资源的能力,还包括随着经济发展不断调整自身决策和作用方式的能力。

政府应该将资金投向更多领域,实现投资多元化,不再依赖单一的融资方式,而且生产过程也需要分散化。只有在这种情况下,政府才需要从生产型政府转向服务型政府,但目前这似乎很难实现。对于各级政府来说,虽然已经进行了一些改革,但似乎没有触及根本。在这里,我不再详细介绍这些改革，这不是讨论的重点。地方政府的首要任务是什么？它必须致力于经济和生产。在这种情况下，它面临着巨大的政治激励，这些激励都是沿着发展的逻辑进行的。地方政府的逻辑是先发展生产，从而为民生打下基础。在这种情况下，地方政府的优先事项，首先是加快发展。

在这种情况下，调整地方政府的发展倾向，从生产型政府转向服务型政府，是一项非常艰巨的任务。这让我们回到最初的问题：如果要进一步推动经济高质量发展，政府能够采取哪些措施？经过深思熟虑，我认为"不忘初心，牢记使命"这句话是无法回避的。换句话说，尽管在某种程度上政府可以介入经济的全过程，但从长远来看政府的本职工作并不是经济，而是应该专注于提供公共服务。我认为兰老师在著作中有一句非常好的话，即稳定的改革过程需要足够的时间和资源来缓冲，这是完全正确的，任何成功的转型都需要缓冲。然而，如果这些缓冲的时间和资源逐渐被浪费，缓冲效果也逐渐减弱，那么还剩下多少时间和资源来进行改革呢？这也是值得我们讨论的，因为改革并不是线性的，而可能是循环的。面对这种情况，我们应该如何应对呢？

另外，我们需要回到王老师之前提到的一个问题，即信用的稳定性。首先，我们需要考虑的是规则本身的合法性及是否需要遵守。其次，从长远来看，我们的经济发展、治理优化和推动改革都依赖于公众的信心。换言之，当公众缺乏信心时，如何进行改革就成为一个问题。

我要与大家分享兰老师在后面提到的一个基本信念。具体来说，这种信念源于普通公众的信任，相信中国会变得更好，也相信自己和家人的生活会变得更好。如果这种可信性被破坏，公众对国家发展的信任也将受到损害。也许有些人认为这段话很普通，但我认为它非常出色。

中国经济的观察者真正重要的是培养一种发展的观念：一方面，需要理解发展的目的并不等同于发展的过程，发达国家目前的做法也不一定能解决我们面临的问题；另一方面，情况不断变化，我们过去的一些成功经验和发展模式也不可能一直有效。如果我们不能持续进行改革，过去的成功经验就可能成为负担甚至束缚我们的发展。

政治-经济周期与年份效应

肖可舟

作为经济学家,我们应该从市场的角度出发进行论述。这本书提供了一个解释性的框架和范式,为广大读者提供了一个非常好的解释性工具。第二章对这个范式给出了清晰的阐述。

央地关系涉及地方政府竞争和投融资机制等理论框架,从分税制改革入手,探讨国税地税分立和税收向中央集中等改革举措,引发了央地关系的再博弈。同时,涉及土地财政、地方政府竞争等因素,导致了一系列失衡现象。但在这些问题背后,我们可以看到中国的经济发展。我认为小欢老师提供的理论框架非常宏大、精彩而简洁。虽然他谦虚地表示可能有些地方未涉及,但这个理论框架目前为止具有很强的解释力,在市场上也取得了成功。我想从中挑选一个简单的细节作为出发点,以数据分析为基础,从一个小的观点出发,对小欢老师的理论体系进行补充和扩展。我认为一个重要的细节就是,地方政府在竞争过程中受制于制度设计,从而对政治、经济等产生影响。因此,我的问题是:无论是强调权力周期还是中国经济自然波动,中国经济的周期性波动是否存在政治根源?而这个政治根源是否与制度设计相关?我的发言将分为三个部分:背景、对标和对话。

首先,我呈现的数据分析是我正在从事研究的一部分。接着我将对一些简单的分析结果进行汇报,这将为小欢老师的研究提供一些补充性说明。接下来围绕对标文献进行学术对话,主要与资本主义国家围绕周期性大选的政治-经济周期相关的文献。其中一篇比较经典的文献写于20世纪七八十年代,那时人们普遍关注菲利普斯曲线。许多学者怀疑是否存在一种选举前通过操纵菲利普斯曲线来在短期内刺激经济增长,在选举后带来一定程度通货膨胀的周期,这个周期引发了众多理论建设。现在的问题是,政治波动在多大程度上由技术性原因引起,还是纯粹来自政党之间的系统性偏好。

最近的文献进展主要来自两篇文章:一篇来自普林斯顿大学的布林德和沃森的研究,他们发现在长期的经济表现中,民主党的经济增长优于共和党,在进行各种技术检验并排除其他原因后,这个结论仍然相对稳固;[①]另一篇由帕斯特和韦罗内西撰写,他们发现西方资本主义视角下存在一个所谓的"总统收益率之谜",那就是美国在民主党执政期间,其股票收益率往往更高。[②] 与之形成对标的文献是有关政治竞争的锦标赛模型。在教学中,我们通常会讲到政府竞争,以及这种恶性竞争可能导致的失衡,及其在官员晋升中产生影响,这与锦标赛模型密切相关。

因此,我的问题是:是否可以借鉴西方政治经济周期理论,并结合我们正在进行的大量数据工作,来逐步发展出一种具有中国特色的政治周期理论,比如换届?我们需要考虑到官员晋升冲动和换届年份对经济发展的影响。根据锦标赛模型的假设,官员们具有晋升的冲动,而换届年份晋升的可能性最大。然而,当换届年份可能会出现一些短期

---

① Alan S. Blinder, Mark W. Watson, "Presidents and the US economy: An econometric exploration", *American Economic Review*, Vol. 106, No. 4, 2016, pp. 1015-1045.

② L'uboš Pástor, Pietro Veronesi, "Technological revolutions and stock prices", *American Economic Review*, Vol. 99, No. 4, 2009, pp. 1451-1483.

的机会主义行为,即西方文献所提到的短期经济刺激行为。为了澄清这一点,我总结了两个特征事实。

第一个特征事实是官员替代概率与换届年份之间的关系。我整理了省委书记、市委书记等的上任时间,并将其与全国人民代表大会和党代会的时间进行对比。我发现在全国两会期间,省委书记、市委书记和市长的更替概率更高。但是,如果我们将均匀分布作为分析工具,我们会发现实际情况并不完全符合均匀分布的特征。

另一个要考虑的因素是换届年份和任期之间的关系。我提出了三个假设:第一,存在一定程度的换届年份效应;第二,尽管存在官员替代的控制变量,但换届年份效应仍然存在;第三,如果换届年份效应存在,我们需要找到一些中介机制、中介变量来解释这种换届年份效应。为了解决这个问题,我采用了一个创新方法。首先,我在框架中将经济周期作为换届年份和非换届年份之间的比较指标,并进行了简单的动态面板控制。其次,我还添加了一些相关变量,核心比较指标是否存在明显的换届效应。在估计过程中,我们采用了多种方法以控制各种影响因素的影响。

研究发现,换届年份存在着明显的换届效应。与非换届年份相比,换届年份的经济增长率大致提高了1.7%—2.8%。这个差异表明,在某些年份中,地方官员的决策冲动确实更强。我们经常讲"新官上任三把火",这应该与换届效应有关。将这个问题纳入考虑研究换届官员更替,我们得出了一些事实。首先,虽然线性相关性存在一定程度的不稳定性,但我们仍然可以观察到一些有趣的现象,即官员的年份效应被稀释了,但官员替代效应并不足以完全解释年份效应带来的影响。官员替代效应是存在的,它对年份效应产生了一定的稀释作用,但程度并不强,无法完全解释年份效应带来的好处。因此,从简单数据分析和历史数据分析来看,"新官上任三把火"更加强调年份效应的影响。

由于年份效应并不能完全被官员替代效应稀释,因此我们进一步研究了哪些中间变量可以解释这种显著的经济增长差异。我们发现两个有趣的现象与兰小欢的研究完全吻合:第一个是固定资产投资,也存在年份效应;第二个是进出口总额,也存在年份效应。简单的测算结果表明,中国的政治经营周期受到两个平行周期推动:一是固定资产在换届年很容易出现小幅增长;二是贸易政策可能会调整,地方官员很可能采取一些贸易政策或吸引外资措施。我对此进行了分解分析。结果显示,在固定资产方面,其效应很难被官员更替稀释;而在贸易政策方面,效应可能会有所稀释,而且相对较强。因此,这更加支持了兰小欢老师提出的模型。不过,我还做了一个补充,即这个模型具有时间维度,在某些时间节点,其刺激效应和周期性波动可能更加明显。最后,我进行了扩展分析,试图观察年份效应在世纪层面上是否存在。结果显示,世纪层面上也存在年份效应,尽管规模较小。

作者谈

兰小欢

从四位老师的发言中,我感受到了一种强烈的惶恐情绪。感谢大家对这本书的关注,同时也感谢这本书激发了我们进一步的思考。

从王老师的发言中,我深刻地感受到一个社会学家对微观和宏观的实际问题的态度。实际上,微观和宏观只是解决问题的不同方法。通过微观的观察,我们可以看到宏观的现象;而通过宏观的视角,我们也能观察到微观的细节。实际上,这是一种从微观到宏观的综合性思考。王老师提到的一点让我特别有共鸣,那就是实地调研。虽然我并非社会学专业出身,我也并不了解科学的实地调研方法,但我还是相信勤能补拙。通过多方观察,尽管没有科学的方法,但我获得了许多深刻感受和第一手体验。这些感受使我在学习和思考过程中,对于任何一个理论都能想到很多反例——任何理论都有其局限性。因此,在撰写这本书时,我会保持相对克制。这并不是说我个性很克制,而是因为我不了解的东西确实太多了。如果我将所有的反例都写出来,那么这本书就无法看了。因此,我只能在适当的范围内停止发言,这并非因为我没有深入分析的能力。

另一方面,我对于个体层面仍然有很多未知。我希望将来能够深入了解"一带一路"共建国家的情况,因为只有亲眼见过的东西,我才会得到第一手资料,这将有助于我的写作更加贴近实际。我从社会学家那里学到了很多优秀的分析方法,他们给了我很多启发。高老师的发言主题我也一直很关注,他谈到了公共行政方面的问题。我对细节方面比较感兴趣,如人事、组织以及其他微观层面等。实际上,最终的政策都需要人来推动。这些问题既涉及个人的得失,也与制度设计和行政管理效能密切相关。

一个优秀的行政管理者深知,很多事情只需换个领导或者采用不同的方式,就能产生完全不同的效果。对于从事理论研究的人来说,这有时是一种令人沮丧的事情。因为像这种微观层面的事情,对于我们大范围的社会科学和理论研究来说,实际上就是随机事件,然而又至关重要。因此,我经常阅读一些关于行政管理的细节案例,比如《县乡中国》详细讨论了基层行政的生态。通过这些学习,我获得了很多新的知识。我认为这些细节并不与我们对大问题的思考相冲突,而是对大问题的补充。只有有了这些微观的补充,我们对整体问题才能有一个全面的把握,它起到了提纲挈领的作用。

至于游老师,他的政治学背景使得他的问题非常直接,涉及政治科学和经济科学。我们不能简单地将这两个领域混为一谈。我认为道德观念是一个非常重要的问题,它涉及理论背后的价值观。因此,我一直告诉学生,经济学尤其是古典经济学、主流经济学,都有其独特的价值观。然而,这些价值观与现实可能并不完全一致,也不能被方方面面认可。如果假装经济学是没有价值观的,那只是一种幻觉。因此,我认为在价值观和个人层面上,其影响力超越了学科范畴,更具持久性。这也包括我们对政治哲学和道德哲学的研究,它们的观念超越了时代和空间。

很多人在看待问题时,受限于早年教育中接受的价值观。因此,讨论公共政策必然涉及实然和应然的问题。我们对于建设一个理想社会的愿景,也必然存在一定的应然目标和价值观。我要强调的是,我无法做到完全客观。任何分析都带有学者的主观色彩,我只是尝试从自己的角度去看待事物,并以一种讲述事实和故事的方式呈现给大家。应然是何为美好社会,我认为这个讨论可以一直进行下去,重要的是要听到各种不同的声音。这种讨论方式不仅适用于微观政策,也适用于宏观政策。我一直认为政治学相较于其他学科具有更多优势,其特点之一就是它对应然的探讨是毫不回避的。在此,我想回应一下可舟,我这本书中的框架并不是我个人的,而是对学界共识的总结,我只是以一种通俗易懂的方式呈现出来了。我非常高兴看到一些比我年轻的学者,用现代的方式来讲述中国特殊的事情。

当然,量化方法也有其局限性,但我认为它永远是定性分析或理论分析的必要补充。因为我们最终所接触到的证据,不论是学者还是个人,无非来自两个方面:个人经历和观察,以及统计数据。个人经历和观察固然具有丰富的信息量,它们决定了我们对许多事情的看法。然而,如果能结合数据分析,我们可能会看到更广阔的世界。因此,我也希望未来的学者,无论从事哪个学科,都能够运用各种混合方法进行研究。

在中国社会研究中,结合常识和对中国社会的基本判断,进行更多的深入研究,讲述中国的故事,是至关重要的。诚挚地说,如果没有过去 10 年来中外学者的大量积累,我不可能写出这样一本书,也不可能引用如此丰富的资料,而只能停留在空洞的理论之中。因此,我相信未来会有更多研究成果涌现出来。